壁を壊すケア

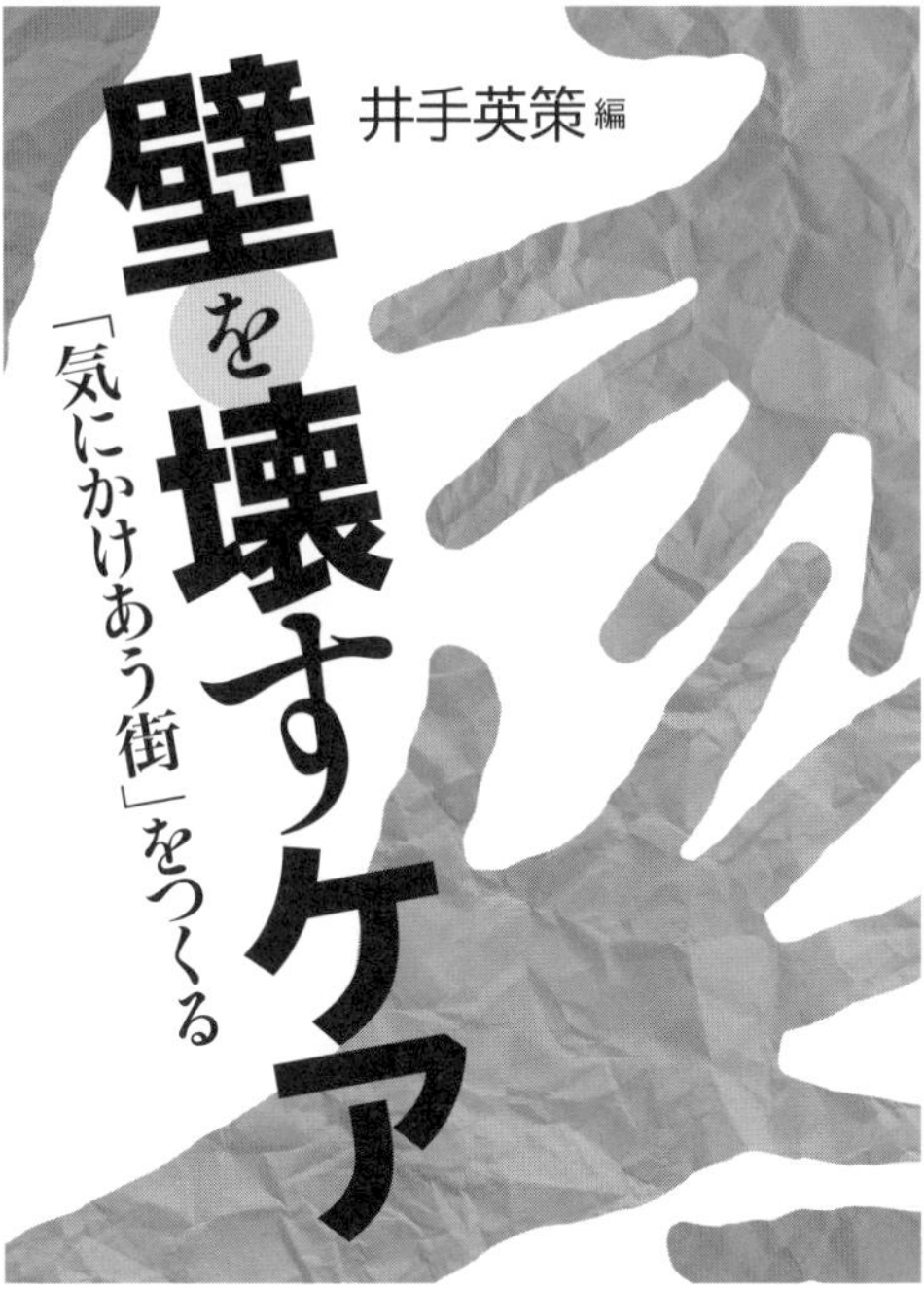

岩波書店

もくじ

序章 「気にかける」から始まる物語……1
――言葉をほどき、現実をつむぎなおす
井手英策（本書編者）

第1章 RE: care……19
――プラットフォーム化する地域密着型介護へ
加藤忠相（株式会社あおいけあ代表取締役）

第2章 社会が若者を失うまえに……47
――校内居場所カフェの実践から
石井正宏（NPO法人パノラマ理事長）

第3章 この社会の片隅に——弁護士の仕事から見えてきたこと 77
櫻井みぎわ（弁護士）

第4章 福祉行政における職員体制の機能とあり方——ソーシャルワークを実践するために 101
武井瑞枝（東京都多摩児童相談所児童福祉司）

第5章 重い障害のある人が生きる街——贈り合い、受けとり合う 129
名里晴美（社会福祉法人訪問の家理事長）

第6章 子育てスタート期の「ちょっと助けて」に手が出せる人を増やすケアの実践 155
原　美紀（認定NPO法人びーのびーの事務局長）

第7章　一周遅れのトップランナー
——「さくらもと共生のまちづくり」の四〇年……183
三浦知人（社会福祉法人青丘社理事長）

第8章　お互いさまの支えあいで心豊かに暮らせる地域社会を作る
——生活クラブ生協の実践……209
藤田ほのみ（生活クラブ生活協同組合・神奈川前理事長）

第9章　壁と共に去りぬ
——リアルとの同期に必要なこと……235
馬場拓也（社会福祉法人愛川舜寿会常務理事）

終章　壁を壊すケア
——ソーシャルワークを地域にひらく……265
井手英策

序章
「気にかける」から始まる物語
——言葉をほどき、現実をつむぎなおす

井手英策◎本書編者

「まもる」「たすける」の世界

偶然だった。なんとなく気になることがあって、ある介護用語集で「アセスメント」という言葉を調べたときのことだ。

用語集には、「ケアマネジメントの一環として、ケアマネジャーがケアプランを作成する前に利用者のニーズ、状況等を詳細に把握するために行なわれる」と書かれていた。ひとつの用語を説明するだけなのに、「ケア」という言葉が三度も登場している。なんとも奇妙な文だと感じた。

「アセスメント」よりもこのことが気になってしまった僕は、あわてて用語集で「ケア」をさがしてみた。でも項目は見あたらない。地域包括ケア、ケアラー、ケアハウス、ケアハラスメント……福祉をちょっとかじったことしかない僕でさえ、あちこちで聞かされる言葉なのに項目がないのだ。

こうなるとますます気になってしかたがない。辞書を引いてみた。僕の目に飛びこんできたのは、

世話、介護、保護という文言だった。なるほど。福祉業界でケアといえば、たしかにそういう意味だろう。合点がいったような気はした。

だけど、僕は、ここでふたたび立ち止まってしまった。

世話、介護、保護——面倒をみてあげること、護《まも》ってあげることがケアなの？

言われてみれば、「生活保護」という僕らのよく知る言葉にも、「護＝まもる」という字が入っている。「看護」や「養護」もそうだ。

福祉で当たり前のように使われる「支援」「援助」「介助」という言葉もかわらない。「支」「援」「介」そして「助」、読みかたこそちがえど、すべてに「たすける」という意味がこめられている。

そうだったのか、福祉の世界とは、弱い人たちをまもり、たすけるという慈愛の精神で満ちあふれた世界のことだったのか、そんな皮肉めいたことを考えながら、僕は、福祉業界になんとなく感じていた違和感の正体に触れた気がした。

そうなのだ。少なくとも、僕のまわりにいる、尊敬すべき実践家たちは、そんな考えかたとは縁遠い人間ばかりだ。じゃあ、彼らは、ケアとは無縁の人間なのか。ちがう。この社会のケアのとらえかたのほうがまちがっているのだ、僕はそう直感した。

そばにいる、気にかける

僕は一九七二年生まれで、「団塊ジュニア」とよばれる世代だ。年齢でいうと、福祉に類するもので使っているのは医療くらいで、その他のサービスを使うことはまずない。

だけど、もし僕が歳をとったり、障がいをもったりして、サービスの利用者になったらどんな気持ちがするだろう。みなさんにも考えてほしい。もし、自分が朝から晩までまもられ、たすけられる存在だとしたら。人様のご厄介になることが当たり前の毎日を生きねばならないとしたら。

僕は思った。この「受身の未来」はしかたのないことなのだろうか、どこの国の福祉にもあてはまることなのだろうか……。

ためしに「生活保護」という言葉を英語に変えてみる。public assistance だ。次に assistance の語源をたどってみる。すると起源はラテン語の assistere で、どうやらこの言葉には、stand by、take a stand near という意味があるらしい。

ハッとした。僕たちが「まもってあげる」「たすけてあげる」という上から目線のニュアンスをこめているのとは対照的に、英語では「そばにいる」という水平的なイメージが示されている。

assistance という言葉を聞いた僕は、とっさにサッカーを思いだした。

サッカーで「アシスト」という言葉を使うとき、アシストされ、得点した人は、まもられる、世話になる人ではなく、むしろ「主人公」だ。その人が活躍するためにそばにいる＝アシストする――このなんとも心地よいイメージを、言葉で、行動で、僕たちはどうあらわせばよいのだろう。

もちろん、困っている人を助けてあげることは、悪いことじゃない。でも、まもられるほうからすれば、誰かの世話になって生きていくのは息苦しいし、後ろめたいことも多い。それに、まもってくれる人たちに対して、年がら年中感謝しなければならない立場に置かれることもしんどい。

反対に、英語やラテン語にこめられた「そばにいる」というまなざしは、とてもやさしく、あたたかい。こちらのほうが、断然、心にささるよな、そんなことを考えていたときだった。僕の住む神奈川県小田原市の友人、福田ひろみさんに「ケア」の意味を問われたことがあった。

長々と語る僕を見て、彼女はほほえみながら言った。

「ケアって〈気にかける〉って意味もあるんですよ」

あわてて辞書を調べてみると、たしかに「大事だとおもう」「気にかける」とある。

これだ！　と思った。僕の仲間たちは、地域の最前線にたっているが、誰かを助けようとはしない。ただ、まわりの人たちを大事に思い、気にかけている。その人たちと「ともにあろう」とする。

そう、彼女ら／彼らは、まさに「ケア」していたのだ。福祉だけじゃない。教育や子育て、貧困、人権、社会参加、さまざまな課題とむきあいながらまわりの誰かを「ケア」していたのだ。

ケアなき死の世界

大事だとおもう、気にかける、当たり前の言葉なのに、僕の心にはズシンとひびいた。

ちょっとだけ身の上話をさせてほしい。

二〇一九年五月、当時、アメリカにいた僕たちに、実家の火事で叔母が亡くなり、母もあぶないという、悪夢のような知らせが届いた。母はその数時間後、叔母のあとを追うようにこの世を去った。

僕は母子家庭に育った。高齢出産にとまどっていた母の背中をおし、結婚をあきらめて僕たちとともに生きてくれたのが叔母だった。だから、この不幸は、僕にとって、「ふたりの母」を同時になくす、まさに痛恨事だった。

じまん話だと思わないでほしいけれど、僕は二〇年以上にわたって、ふたりに毎月、毎月、仕送りをしていた。また、父ちがいの姉夫婦も家を建て、ふたりといっしょに暮らしてくれていた。

晩年、母は脳が小さくなる病におかされ、叔母にも認知症の兆候があった。だけど、お金の心配なく娘夫婦と暮らす姿を見て、ふたりは幸せだ、僕たちは親孝行だ、そう思っていた。

ただ、病気になる以前から、ふたりには、ひとつだけ、理解にくるしむ行動があった。

母は四〇〇円のコーヒーを飲むためだけに、往復三〇〇〇円もかけてタクシーで喫茶店に通っていた。ごくふつうの喫茶店なのに、だ。叔母は叔母で、八〇を過ぎても自転車で遠出をし、朝出かけると夕方まで帰ってこないことが数えきれないほどあった。

もったいないから、あぶないから……僕はふたりに何度も小言を言ったが、最後までこの習性はなおらなかった。だけど、ふたりの死後、小田原のもうひとりの友人、山﨑由恵さんと話をしていたときに、僕の耳にはじめてふたりの悲鳴が聞こえた。

僕はまずしい家庭で育った。ふたりは借金をして僕を大学院にまでいかせてくれたが、大学に進むころには借金が雪だるま式にふくらんでいて、にっちもさっちもいかない状況になっていた。

姉夫婦は、母と叔母が住んでいたところから一〇キロ以上はなれた田舎町に家を建て、ふたりを招きよせた。でも、借金取りにやさしさなどあろうはずもなく、彼らは転居先に押しかけてきた。毎晩どなり声を聞かされるご近所さんも不快だったはずだ。おもえば、母と叔母は、生活の場を子どもたちに変えられたうえ、周囲の人たちとの関係構築にも失敗していたのだった。

大学院に進むと僕はふたりの借金を引き取るしかなかった。大変ではあったけれど、暮らしに平穏がおとずれた。でもふたりは地域で孤立していた。だから、遠くはなれた街にタクシーで、自転車で、友に会うためだけに出かけていた。僕はそのことに、ふたりが亡くなるまで気づけなかった。

古代ローマでは「人と人の間にいること」すなわち「人間であること」を「生きる」ことと同じ意味で使っていたという。そして「人と人の間にいることをやめること」は、「人間をやめる」ことであり、「死ぬ」ことを意味したそうだ。

僕の大切な家族は、お金の面ではなにも苦労していなかった。それだけではない。理学療法士さん、介護士さん、ケアマネさん、いろんな人たちから、適切な「ケアサービス」を受けていた。だけど、母と叔母は、地域というくらしの場のなかで、人と人との間にはいなかった。まわりの人たちとかかわることも、気にかけてもらうこともなかった。

燃えさかる炎のなか、叔母は動けない母を最後まで助けようとしてたおれた。ふたりが亡くなったあと、叔母だけなら、逃げようと思えば逃げられただろうと聞かされた。

でも、それは、ありえない話だった。けっして裕福ではなかった姉は、定年で仕事をやめたあとも、終日働きにでていた。母と叔母にとって、一日のほとんどは、ふたりきりの姉妹ぐらしだった。七〇年もの時間をともに過ごした叔母には、ひとりきりの生活など、想像もできなかったはずだ。

大切におもう、気にかける、この当たり前の「ケア」のない世界——それは人間らしい生をうばわれた、死の世界なのだということを、ふたりの命と引きかえに僕は学んだのだった。

ケアは福祉の専売特許ではない

僕たちは、この本をつうじて、「ケア」というおだやかな言葉を、福祉の世界から解き放つことができるのではないか、とおもっている。

みなさんはご存知だろうか、福祉という言葉には、「幸福」というもうひとつの意味がある。つまり、福祉サービスをあたえることは、人を幸せにしてあげることと同じだということになる。

僕は、この言葉の意味をおもうたびに、ためらいをおぼえる。

人間とは、自分の力だけで誰かを幸せにできるほど、すぐれた生き物なのだろうか。福祉の世界にあふれる、「まもる」「たすける」のメッセージ、それは、私はあなたを幸せにできるという前提からはじまっている。でも、本当にそんなことができるのだろうか。

もちろん、誰かが誰かを幸せにすることはある。母と叔母はあきらかに僕を幸せにしてくれた。それはまちがいない。でも、人が人を幸せにすることがある、という話と、人間とは誰かを幸せにする存在だ、という話はまったくちがうのではないだろうか。

人間は人間を幸せにすべき存在だと決めつけた瞬間、生きることは、とたんにしんどくなる。誰かを幸せにすることは、人間の義務にかかわる。相手を幸せにできなかった人間は、無能な人間か、よく言ってなまけ者とみなされてしまうかもしれない。

福祉の世界で起きているのは、このムリなのではないか。

専門家と話をしていると、何度も繰りかえし耳にする言葉がある。「共生(きょうせい・ともいき)」「伴走」「寄り添い」――みなさんも、これらの言葉を耳にしたことがあるにちがいない。

この聞き心地のよい言葉は、僕の心にいやな引っかかりかたをする。ともに生きること、相手にあわせて走ること、相手が何を言おうと共感しながらそばにいること、まるで人を幸せにする義務を課されるようで、僕には、めまいがしそうなほど、大変な要求に感じられるのだ。

ここで使った「共生」という言葉は、福祉の世界だけではなく、これからの日本社会を象徴する言葉としてあちこちで使われている。政治でも、学界でも、実践の場でも、「共生社会」という表現は、誰もがふつうに使う「マジックワード」となっている。

生物学の議論は示唆に富む。「共生」を細かくわけると「相利共生」と「片利共生」とがある。前者はお互いの利益になる共生で、後者は一方にはなんの損得もなく、もう一方だけが得をするような共生をさしている。

もうひとつ、一方が損をしながら、他方だけが得をするタイプの共生もある。これを生物学では「寄生」という。つまり、サービスの提供者がしんどさを抱えているとすれば、まもる・たすける型の共生は、じつは寄生というおぞましい現実と、紙一重かもしれない、ということだ。

福祉サービスを利用する人たちを「寄生者」にしてよいはずがない。そのためには、サービスを作る側、福祉にかかわる人たちのほうも「得」をしなければいけない。

だから、福祉の世界では、ともに生き、走り、共感しあうことの大切さが繰りかえし説かれる。福祉職は、自己犠牲をよろこびに変えるという、偉大な才能をもたなければならない、と、当たり前のように考えられている。

でも、本当にそれでよいのだろうか。

たしかに、福祉の世界には誠実みあふれる人たちがたくさんいる。だけど、ともに生き、走り、寄り添うことに全力をつくし、疲れはて、仕事を去っていった人たちは多い。反対に、私はこの人を幸せにできる、身体的に、経済的に自立させられる、そうした思いこみのせいで、両者のあいだに支配・被支配の関係が生まれることも多い。いずれも、何度となく、僕が耳にしてきた話だ。

気にかけること(＝ケア)。そばにいること(＝アシスト)。これらは、専門家に押しつけられる話ではなく、その地域で暮らし、生きる、すべての人たちの関係のなかで実践されるべきことじゃないのだろうか。母と叔母の命がけの教えを手にしたいま、そんなおもいが僕をつき動かす。

優秀な専門家を増やすことは大切なことだ。でも、その人たちの活躍の土台となるような、「ともにある」という感覚、お互いがお互いを「気にかけあう関係」を、生活の空間、身近な社会のなかに、どうやって作りだしていくのか。それがいま、問われているからこそ、「ケア」というこのすばらしい言葉を、一度、福祉の世界から解放しなければならないと僕は思うのだ。

「気にかけあう街」を作る

福祉の世界じゃないの？　じゃあ、どこの世界へ？　印象的なできごとを紹介しよう。

二〇一七年一〇月、総務省に「自治体戦略２０４０構想研究会」という研究会がもうけられた。そこでは、団塊ジュニアが高齢者に仲間入りし、労働力人口が大きく減っていく二〇四〇年の日本社会にあって、地方自治体がどんな役割をはたすべきかが議論された。

僕も委員として参加させてもらったが、「２０４０年問題」というセンセーショナルな課題設定が関心をよび、メディアからもかなりの注目をあつめた研究会だった。

このなかで、僕が繰りかえしうったえたのが、「ソーシャルワーカー」の大切さだった。

せまい意味で言うと、ソーシャルワーカーとは、社会福祉士や精神保健福祉士といった資格をもつ福祉専門職のことをさす。

でも、ソーシャルワーカーは、たんなる福祉サービスのプロバイダーではない。地域にある人・組織・制度を活用しながら、一人ひとりの抱えこむ苦しみの背景、おかれた環境ごと変えていく人たちがソーシャルワーカーだ。だから、僕と友人たちは「身近を革命する人たち」と名づけたのだった（井手英策・柏木一惠・加藤忠相・中島康晴『ソーシャルワーカー――「身近」を革命する人たち』筑摩書房）。

総務省の報告書にもこの考えかたは盛りこまれた。そこには「放置すれば深刻化し、社会問題となる潜在的な危機に対応し、住民生活の維持に不可欠なニーズを、より持続的、かつ、安定的に充足するためには、ソーシャルワーカーなど技能を習得したスタッフが随時対応する組織的な仲介機能が求められる」と書かれた。

これにいち早く反応したのが業界紙の『福祉新聞』(二〇一八年七月一七日号)だった。同紙は「住民の生活上のニーズに民間の力も活用して対応するため、ソーシャルワーカー(SW)が組織的に仲介する機能が必要だとする報告書をまとめた……総務省がソーシャルワーカーの活用に言及するのは異例」と報じた。

この記事は大きな反響を寄んだが、うれしさの反面、大きな「壁」を見たような思いがした。

そのままにしておけば「社会問題」となりかねない課題が地域にねむっている。その課題やニーズを住民が掘りおこし、未然に防いだり、満たしたりすること、それはまさに「自治」の話だ。だからこそ、「自治」をつかさどる総務省はソーシャルワーカーに目をつけた。繰りかえそう。ソーシャルワーカーはただの福祉提供者ではない。自治の担い手でもあるのだ。

これはとても大切な視点だ。ところが、「福祉」の世界では、ソーシャルワーカーは有資格者や専門職に限定される。地域の素人が首をつっこむことは、かえって問題をおこしかねないという、厚生労働省や業界団体の声がある。だから、そこが総務省の報告書でも配慮され、「技能を習得したスタッフ」を主人公とせざるをえなかったのである。

一方、福祉新聞のほうでは、総務省がソーシャルワーカーを語ったことを「異例」のこととして、おどろきをもってむかえられた。

このおどろきの意味はなにか。「市町村行政の在り方を見直すことで、社会福祉士、精神保健福祉士の任用が進む可能性が出てきた」との文から察するに、福祉サイドには専門職の働く場を確保したいという思惑がある。自治と福祉のあいだの「壁」がここでも大きくたちはだかっているのだ。

専門家の役割は十分に尊重されるべきだ。だが、「そばにいる」「気にかける」という視点を知った僕からすれば、お年寄りや若者、子ども、障がいのある人たちの課題を解決すること、この大きな使命を福祉の内側に閉じこめてしまってよいとは思えない。

もちろん国もこのことに気づいている。厚生労働省はいま、「地域包括ケア」を推進している。地域包括ケアとは、「医療や介護が必要な状態になっても、可能な限り、住み慣れた地域でその有する能力に応じ自立した生活を続けることができるよう、医療・介護・予防・住まい・生活支援が包括的に確保される」という考えかたをさす。

この方向性には賛成だ。だけど、もっとも欠けているのは、コミュニティが弱りゆくなか、この協働の力をどのようにそだてていくのか、もっと端的に言えば、「気にかけあう街」をどうやって作っていくのか、という視点だ。

自治のほうから見れば、福祉は、災害、教育、環境、祭事といった地域課題のひとつでしかない。地域の総合的な課題解決の力をはぐくむことは、福祉の質を高めることとなんら矛盾しない。だからこそ、福祉の世界のあちこちにある専門職の「壁」を乗りこえ、福祉を地域にひらき、より広いメンバーの参加をつうじて、ケアとアシストを実現できる街を作っていかなければならないのである。

頼り・頼られの「気にかけあう街」

みずから治め、おのずから治まる。この自治の精神とならんで語られる言葉に「自立」がある。さきに見た「地域包括ケア」の説明のなかにもあったように、これもまた、福祉の世界でかならず用いられる言葉のひとつだ。

自分以外の者のたすけや支配をうけず、自分自身の力で物事を片づけていくこと、この自立の精神を悪く言う人はいないだろう。だけど、僕はこの言葉を聞くとき、いつも思いだすことがある。それは熊谷晋一郎さんとの会話だ。熊谷さんは、重度の身体障がいをもった東京大学先端科学技術研究センターの先生だ。

彼は僕にこう聞いた。

「井手さん、ビルの二階にいて、地震が起きたらどうします？」

「逃げるでしょうね」

「どうやって？」

「階段でしょうか」

「井手さんは、階段、エスカレーター、エレベーター、なんなら窓から飛びおりてもいいですもんね。でも車いすの僕たちは、エレベーターがとまったら終わりです。わかりますか？障がい者よりも、健常者のほうがいろんなものに頼って生きてるんです。頼れることはとても幸せなことなんです」

衝撃だった。

そうなのだ。この世の中のいったい誰が、人に頼らずに生きているというのか。

生まれればすべての人は誰かに育てられる。歳をとり、この世を去るときがくれば、僕らはみな、お医者さんにであれ、葬儀場の人にであれ、誰かに支えてもらう。高級車に乗っている人たちが使う道路、苦学生のはらう大学授業料、命やくらしに欠かせない上下水道やゴミあつめ……僕たちのくらしのあちこちで、誰かのはらった税金が僕たちのために使われている。

そう、この社会は、「頼り・頼られ」で成り立っている。「頼り・頼られ」こそが社会の前提なのであり、そのなかでの「自立のかたち」こそが、本当に考えられなければならない問題のはずだ。

そうだとすれば、「みずから立つようにたすける」のではなく、「一人ひとりがおのずから立てるようにみんながそばにいて、気にかけあえるような街を作る」ことこそが、本当の自立への道なんじゃないだろうか。人に頼るのは恥ずかしいことだから、「自分の力で生きていけるようにたすけてあげる」というのであれば、それは、自立の誤用だと僕はおもう。

こびりついた惰民観

頼ることは恥ずかしいこと、僕たちの骨身にしみついたこの考えかたは、歴史のあちこちに出てくる。ここでは、明治初期に制定された「恤救《じゅっきゅう》規則」を見てみよう。「生活保護」のはしりだ。

規則では、自立、自助を前提としながら、どうしても働けない高齢者や障がい者、子どもに限定して、権利ではなく、国の慈愛として、かわいそうな人たちの命を救うという方針が示された。権利ではなく、慈愛だ、という点に注意してほしい。権利じゃない、僕たちは、たすけてもらっているのだから、たすけていただくその瞬間まで、国民としての義務・責任を果たさねばならない。じつは、この考えかたは、基本的人権がみとめられた戦後になってもつづいていた。

日本国憲法の制定論議にかかわった宮澤俊義の『全訂日本国憲法』をみてみよう。そこには、「『その利用し得る資産、能力その他のあらゆるものを、その最低限度の生活の維持のために活用する』ことを怠る者は、『勤労の義務』を果たさない者であり、それに対しては、国は、生存権を保障する責任はない」と書かれている。生存権という基本的人権の前に義務があるとはおどろくしかない。

振りかえると、恤救規則が制定されたとき、政府の人びとがもっともおそれていたのが、「惰民の養成」だった。人をたすけてしまえば、その人は堕落する、だから、救済はできるだけ小さくし、自己責任と自助努力で生きていかなければならない、というわけだ。

命の保障が問題になるたび、戦前も、戦後も、この「惰民観」が何度も姿をあらわした。

国民からの高い人気で知られ、経済の危機をいく度となく克服した政治家、高橋是清はこう言っている。「国民に独立の精神と自助の意思を高めさすことを忘れてはならぬ……いたづらに救ふといふやうな方途に出たならば、国民は寄生物になつてしまふ」、と。

高度成長が終わり、日本社会の針路が問われていた一九七〇年代の後半に首相をつとめた大平正芳も、「遊んでいても喰える、病気になった責任も回避できるということになれば、これは確かに天国に違いないが、然しそれ丈に国民の活力と自己責任感が減退することになる」と述べていた。

人に頼ること、たすけられることは、恥ずかしいことだ。だから、福祉をめぐる言葉を「まもってもらう」「たすけてもらう」という考えでかざりあげ、そうならないように努力せよ、という暗黙のおどしが人びとにくわえられてきた。「自助・共助・公助、そして絆が大事だ」という菅義偉首相の発言の根底にも、きわめて日本的、伝統的な「惰民観」が横たわっているのだ。

頼る権利を

この発言を、菅さんの好みの問題で終わらせるわけにはいかない。頼ることを恥とみなす社会があり、だからこそ、菅さんのような発想をもつ人が首相になれる。ここに問題の核心がある。こうした社会の前提があるからこそ、福祉の世界でも、自立を語るときにまっさきにでてくるのが、さきにふれた「経済的自立」であり、「身体的自立」なのだ。

惰民とは、まじめに働こうとしない人間のことだ。そして、この国では、働けない人は気の毒な人ではなく、だらしない人間であるかのようにあつかわれる。だから、まずもって、身体的、経済的な自立に重きがおかれる。おまけに、専門家の力でなんとかしやすいのもまた、身体的な自立支援であり、就労自立支援のような、国の制度と結びついた経済的な自立支援だ。

こうして、人間が自ら決定し、自らの居場所を見つけていくこと、いわば「人間の条件」とも言うべき、「精神的自立」や「社会的自立」はいつも後まわしにされてしまう。

こんな日本社会とはいますぐ訣別しなければならない。

僕たちは、これから、「頼り・頼られ」のぬくもりに満ちた世界を描いていく。この世界の主人公は、生産的で、効率的な人間ではない。今日よりもすばらしい明日を手にしようと、もがき苦しむ人たち、そしてその人たちのそばにいて、何がその人たちの希望であり、幸福なのかをともに考えようと苦闘する人たち、「気にかけあう街づくり」にかかわるすべての人たちが主人公だ。

地域に生き、まわりの人びとと「ともにあろう」という強い願い——この願いこそが、真の意味での「人間の自立」を支えていることを僕たちはうったえる。

なんのためらいもなく「自助」と言い放つ人たちがいる。僕たちは、その人たちに、地域の最前線でときに泣き、ときに笑いながらともにあろうとする人たちの苦しみ、よろこびを伝えたい。その苦楽の分かちあいがなければ自立した個人など存在できないことを伝えるために。そして、どこに人間の本質があるのかを問いかけるために。

人間は、誰もがどこかの国に生まれ、どこかの街で生きていく。他者とのかかわりのなかで生きていくということは、あるときに人に頼られ、こまったときに人に頼るという、「頼り・頼られ」の無限の連鎖のなかに身をおく、ということだ。

だからこそ、自治をつうじて「ケア」と「アシスト」を実践するためには、その地域のなかに住み続けることが前提条件となる。ずっとそこにいるからこそ、「頼り頼られ」の連鎖、時間軸のなかに身をおけるし、僕たちが正しいと考える意味での「自立」への可能性を手にすることができる。

そう、自治と自立は車の両輪だ。だから、大きな苦悩と小さなよろこびをかけあわせ、自分自身が住みたいと思える街を全力で作っている人たちの胸おどるような物語を伝えなければならない。

僕たちは、「まもってあげる」という上からの目線を、「そばにいる」という平らな目線におきかえていく。福祉の現場にいる人たちもふくめた、すべての人たちが「気にかけあう街」をどうやって作っていくのか、この大事な問いを、みなさんと一緒に考えていく。

さあ、スタートだ。気にかけること(=ケア)、そばにいること(=アシスト)、このふたつのアイデアを跳躍板として、社会のなかにあるさまざまな「壁」をこわすために続けられている闘いの記録をみなさんに届けよう。

第１章　RE: care
――プラットフォーム化する地域密着型介護へ

加藤忠相　◎　株式会社あおいけあ代表取締役

使い勝手の悪かった介護サービス

こと高齢者介護事業において「福祉の提供」はもう終わったと思っている。本章では、この言葉の意味を、少し遠回りしながら伝えていきたい。

私は、神奈川県藤沢市において高齢者介護事業を、介護保険制度の始まった二〇〇〇年から細々とやり続けている。自分で事業を立ち上げてから二〇年が経過したけれど、前半の一〇年は「ケアとはなにか？」を考えての試行錯誤、後半の一〇年にやってきたことは「脱福祉」だったと考えている。

誤解を恐れずに言えば、多くの介護や福祉の事業は空間的な、人間的な、さまざまな社会の分断に加担していないだろうか？　いや、これでは控えめすぎる。介護や福祉の事業は社会の分断を加速させてきたのではないだろうか。

二〇〇〇年に介護保険制度が立ち上がったとき、私は二五歳であった。その年に、現在運営している株式会社あおいけあを設立、デイサービスやグループホームなどの運営を始めた。つまり介護保険制度の下でしか事業所運営をしていないということになる。

六〇年ほど前の話になるが、一九六三年の老人福祉法における高齢者施策では、我々介護職の仕事は「療養上のお世話」であった。その当時、介護というのは、人口比率においてマイノリティであった高齢者のための福祉であったが、その後、ゴールドプラン21などで将来的な展望が示され、増え続ける高齢者人口を、この措置制度で支えることは困難であるという現実が浮かび上がってきた。その困難な社会像を迎えるにあたって二〇〇〇年から始まったのが介護保険法である。福祉ではなく、社会保障として、介護保険はスタートしたのだ。

介護保険は、医療保険とならぶ保険であり、公的な資金が入る以上は、当然、結果が求められる。介護保険で我々介護事業者が求められたのは、「要介護状態の軽減または悪化の防止」であった。

介護保険制度の下、事業を始めた私はすぐに頭を抱えてしまった。当時の制度で在宅の高齢者を支えるには、人的、施設的に、あまりにも足りなさすぎていたからだ。いや、足りないというよりも制度やサービスが分断されすぎていて、使いにくく、要介護状態の軽減や悪化の防止には到底不向きな状況にあった。

例えば、在宅系サービスといわれる、デイサービスや訪問サービス、ショートステイなどのそれは、ぶつ切れになりすぎていて、非常に使い勝手が悪い。これは、いわば、ワンアイテムショップのようなものだ。

ショッピングモールのなかにある、帽子専門店や靴下専門店、Ｙシャツ専門店などは楽しいし、便利だ。しかしこれは、同じ場所にあればこそのワンアイテムショップだ。これを介護サービスに当てはめるとわかりやすい。帽子専門店をデイサービス、靴下専門店を訪問サービス、Ｙシャツ専門店をショートステイ、ケアマネジメントをレジに置き換えてみよう。

同じショッピングモールのなかにあれば、問題なく買い物をすることができるが、これらが地域に点在していたらどうだろう？　さらにはレジにあたるケアマネジメントも別の場所にある。利用する方は非常に使い勝手がわるい。日曜日にレジにあたるケアマネジメント事業所が閉じてしまえば、相談も変更もできなくなる。こんな非合理的なことが、介護の世界ではふつうにまかり通っていたのである。

「あおいけあ」を地域にひらく

何か方法はないものかと、全国の先駆的な事例を訪ね歩いたときに行き当たったのが、介護保険サービスではない「託老所」（小規模多機能型居宅介護は託老所をモデルにつくられている）の取り組みだった。二〇〇六年になり、託老所は小規模多機能型居宅介護として介護保険サービスに取り入れられる。私はこれに呼応するように、二〇〇七年に小規模多機能型居宅介護「おたがいさん」の運営を開始した。

思い出すと、まさにその二〇〇七年のことだった。この本の表題通り、私はあおいけあ全体を囲っていた壁を文字通り、物理的にすべて取り払い、地域にひらく取り組みを始めた。イメージとしては、地域の子どもたちが児童館や公園のようなイメージで高齢者のためのインフラを使うことができればいい、そんな感じだった。

敷地内をだれもが通り抜けできるようにし、子どもたちが通学路として利用したり、介護事業所の二階に書道教室(児童を中心に一三〇名以上の生徒さんがいる)を持ってきたりして、普段から子どもたちが通う場所づくりを行なった。事業所の屋根に上って遊べるようにもしたし、お年寄りが運営する駄菓子屋もつくった。今では事業所の二階に賃貸アパートやカフェ、小規模多機能のなかに地域のみなさんが利用できる食堂もつくっている。

地域の子どもたちは、事業所のなかでも、庭でも遊んでいる。だけど、そこにいるおじいちゃんやおばあちゃんをみて、「認知症の高齢者がいる!」とは思わない。同じことを二回くらい言う、ふつうのお年寄りだと思っている。食堂に定食を食べにきた地域住民が、茶碗を洗ったり、子どもの面倒を見ているお年寄りをみて、「認知症は嫌ね」とか「歳は取りたくないわね」と思うだろうか? そんなことはありえない。

高齢者福祉であれ、障害者福祉であれ、囲われた壁のなかに閉じこもりながら、「認知症を知ってください」とか「我々のことを理解してください」と主張することがどんなに滑稽なことか。「その高齢者自身も地域住民だ」という当たり前のことが完全に忘れ去られている。

そもそも、介護が必要な状態にある人が「変な人」だというのは、おかしな話だ。国土交通省の資料によれば、明治維新の際、我が国の人口は三三〇〇万人だった。海外から保健衛生の概念などが入り、その後の約一〇〇年間で一億二〇〇〇万人まで人口が増加した。当然、労働生産性が向上するので社会は右肩上がりであった。

しかし、この先の一〇〇年で人口は四〇〇〇万人台まで急落する。さらには超少子高齢化社会である。高齢化率が上がるというのは高齢者が急増することではない。若い世代が急激に少なくなって、高齢者層の数が減らない、つまり分母が減るのに分子が変わらないから「高齢化率」があがるのが日本の未来だ。

ありえない例えだが、明日から出生率が二倍になったとしても、人口が増加に転じるのは数百年先のことである。人口が少ない時代がこの先数百年続くのは既定路線になる。ちょっと考えてみてほしい。一〇〇年後、人口が三分の一になり、半分が高齢者、その半分が認知症、そんな社会になっているかもしれないのだ。

健常者はたまたま社会において多数派な人たちのことで、彼らは自分たちの都合の良い社会をつくっていて、少数派のその社会に対応できない人を障害者とよんで区別する、これが現実に起きてきたことだと私は思う。

三メートルの壁があったときに、多くの人は階段をつくれば上ることができる。だけど、車いすでは、上がることができない。もしも、社会の大多数の人がボルダリングが得意であれば、登れない私は障害者になる。だけど、逆に考えれば、最初からエレベーターがあれば、そもそも障害者はいないことになる。

もしかしたらロビンフッドはＡＤＨＤだったかもしれない。現代の車社会では、ＡＤＨＤの子どもたちは「あぶない！」と心配されてばかりいるが、石器時代であれば、獲物をみつけたら真っ先に飛びかかる英雄として扱われたかもしれない。目が悪い人はメガネというテクノロジーが当たり前になっているから生活できているだけで、メガネがなければ障害者だったかもしれない。井手さんがいつも言うように、結局、障害者になるかどうかは、その時代に合うか合わないかという、「運」「不運」で決まっているのだ。

この発想から「認知症」を考えてみる。女性の平均寿命は八七歳だから、一〇〇歳まで生きる人はめずらしくない。一九六三年の日本の百寿者(一〇〇歳以上高齢者)は一五三人といわれていた。それなのに二〇年先には三〇万人になると推計されている。そして、九〇歳以上の高齢者の七割が認知症だから、マイノリティ、マジョリティの関係でいえば、三割の認知症でない高齢者のほうが「異常」な社会が訪れるということになる。

我々日本人は、急激な人口減少と、その社会における常識を疑う勇気を持ち、新しい状況を受け入れる準備を早急に始めなければいけない。大きな人口動態の歴史から考えてみれば、一億二〇〇〇万の人口がいる現在のほうが異常なのだ。その時代をいきる我々が、異常なほど膨れ上がった国家予算を、借金をしてまで使っている。返済する義務を負わされるのは人口が激減し、生産年齢人口が激減した、あなたの子どもや孫の世代である。

原体験――祖母の記憶

実を言えば、私の大好きだった祖母は、精神病院で亡くなった。子どものころ、小田急線にのって、祖母の家がある淵野辺に行くのが大好きだった。小学校低学年になると、ひとりで電車やタクシーを乗り継ぎ祖母の家に通ったことを覚えている。

私は、学校に行くことも、地元の友達とあそぶのも好きではなかった。気が弱く、勉強もスポーツも苦手。自己肯定感の低かった小学校時代の私は、祖母の家に行き、従妹たちといることが安らぎだったのだと思う。

小学校高学年からイジメの対象になった。中学に行くとそれがエスカレートした。人の顔色をうかがいながら、相手がなにを考えているのか？　どのようにふるまったら相手が満足するのか？　もしくは目立たないのか？　そんなふうに人の気持ちばかりを気にかけているような青春時代をすごした私にとって、祖母の家は安心できる避難所だった。

そんな生活にもちろん満足しているわけもなく、「高校に行けばイジメがひどくなる」と進学にも前向きになれなかった私は、地元の友人がだれも進学しないような学区外の県立高校に進学することを決めた。

小学校のときにチェッカーズが好きで、その影響もあって中学生になってから吹奏楽部でサックスを吹きはじめた。吹奏楽部内でも、評価されることもないくらいの技量だったが、おなじサックスパートの友人と、中学校三年生のときに出場したアンサンブルコンテストの神奈川県大会で金賞を受賞した。

「この楽器だったら県内の同級生でも五本の指に入れるかもしれない」、そんな短絡的な発想で、当時、吹奏楽の名門校で、全国大会にも出場していた神奈川県立野庭《のば》高等学校を進路先に考えた。偏差値が高くないというのももちろんあったが、なによりも自分のことを知っている人がいない環境に身を置きたかった。俗にいう高校デビューを目論んでのことだった。

その後は三六五日、部活漬けの生活になり、自然と祖母の家に行くどころではない生活に変わった。休みなどほとんどなく、音楽に打ち込む日々のなかで、お見舞いにもろくに行くことができなかった。祖母が庭の草むしりのさなかに心筋梗塞でたおれたのはそのころだった。

それでも時間を見つけて、祖母の家に行ったときのことだ。帰りがけ叔母にいわれた言葉を今でも覚えている。

「忠相、今月ね、ばあちゃんの入院費とかで一〇〇万円かかったんだよ。あんた出してくれる?」

おそらくは娘である母への当てつけの言葉だったのだろう。だが、学生だった私は「自分が大人だったらばあちゃんの面倒をみるのに…」と駅までの道を泣きながら帰ったことをおぼえている。情けなく、悔しかった。

その後、祖母は精神病院に転院となった。高校三年生になった私は、祖母のお見舞いに行ったときの光景を忘れない。鍵で管理された廊下。鉄格子の入った窓。カーテンもかかっていない。最小限の物しか置かれていないひび割れ煤けたコンクリートの白い建物のなかで、車いすに座らせられて、「つれてかえってくれ」と泣きさけぶ祖母。やりきれなかった。

これが、孫たちの面倒をよく見てくれて、誇り高く、大好きだった祖母の最後の記憶だ。ひとの最期の時間はこうなっても仕方がないのだろうか？　忘れたくても忘れられない記憶。私はこの問いに向き合って生きるしかなかった。

ふわっとしたことが無視される現実

以上の原体験は私の考えかたを大きく決定づけた。

介護であれ障害であれ、一方的にだれかの世話になりたい人などいないのではないか？　おまけに、それを受けるためには、たとえ不本意であっても囲まれた環境にいることを我慢しなければならないのか？　私は祖父母や両親から「人にされて嫌なことを人にしてはいけない」と教えられて育った。いじめを受けて、周囲の顔色ばかり見てきた私には身体に刻み付けられた言葉だ。精神病院の鉄格子も同じことだろう。

だが、私はこれを拒否する。私は「人の気持ちはわからない」と思っている。「あなたの気持ちがわかるよ」と言ってくる教師や福祉職をみると、内心では「うそつけ！」と思わずにいられない。女性に振られて辛いとき、大事な人をなくして打ちひしがれているとき、そんなときの私の気持ちをわかってたまるか…と思っている。

では、私たちにできることはなにか。それは、相手のそばにいて、相手を気にかけ、相手の立場に立って、一人称の気持ちで、相手を慮ることだけだ。それは、助けてあげたり、寄り添ってあげたり、ともに生きてあげたり、理解してあげたりという大層な話ではない。

「慮る」なんて、そんなふわっとしたことでいいのか？　そんな疑問の声が聞こえてきそうな気がする。でも想像してみてほしい。その当たり前の、ふわっとしたことが、いかに無視されているかの現実を。

デイサービス事業所の一般的な提供時間は七時間だ。では、あなた自身が頭のなかで描いたデイサービス事業所で七時間、じっと座っていることができるだろうか。不可能ではないとはいえ、相当な忍耐力を必要とするはずだ。スターバックスやドトールなどのカフェであっても、七時間座っているのは苦痛きわまりないことのはずだ。

それなのに、三時間経って飽きてしまい、「帰りたい」と当たり前の訴えを行うと、ケアワーカーに「帰宅願望」と記録に書かれてしまう。五時間経って、我慢できずに歩き出すと「徘徊」とみなされる。

あなた自身が、自分の事業所の椅子に七時間座っていることを要求されて、「喜んで！」と言うのであれば、それは素晴らしいことだろう。しかし、考えてほしいのは健康に近い私であっても、その環境に居続けることは精神的にも身体的にも苦痛でしかないという当たり前のことだ。その当たり前のことを慮れる人は、介護の世界では決して多数者ではない。

「安全のため」といって、昼間にも鍵をかけている施設もいまだに多い。自分が我慢できないような環境を「福祉ですから」「介護ですから」と言って、相手に提供して、その環境に我慢ができないと、我慢ができずに逃げようとすると福祉の名のもとに鍵を締めて塀のなかに閉じ込める。これが現実ではないか。

認知症ですから、障害がありますから、と相手にタグ付けし、責任を押し付けて、壁のなかに引きこもって、専門性で武装する(これはこの本のなかで石井さんも批判していることだ)。多くの介護事業所では、自分が居られないようなひどい環境が多くみられるが、それに対して疑問を抱かないという時点で「三人称(他人事)」になっている。「あなた方が使うのでしょう？　私は使わないもの」という無意識の三人称が、福祉や介護を担う人たちに蔓延していないだろうか。

先日、神奈川県の某委員会で特別養護老人ホームの個室化について、数人の委員が提案をしていた。「この先、お金がない高齢者が増えてくると個室ではなく、雑居の多床室のほうがお金はかからない。介護人材の確保も難しいなかで生産性もわるい。多床室をつくらないという決定はやめたほうがいい」というものだった。

この意見を述べたのは、一人や二人ではなかった。正直、気を失いそうになるほどびっくりした。私も含めて、この委員会に出ているお歴々が立場をふせて、特別養護老人ホームの多床室に三カ月くらい体験入所してみればいい。

馴染めなかったとき、もし「帰りたい」とスタッフに言えば、記録に「帰宅願望」と書かれて、出口をさがして外に出ようとすれば「徘徊」あつかいされて、「私たちは某団体の委員だぞ！」と訴えれば「妄想」や「短期記憶障害の悪化」と記入されて、腕力に訴えれば、向精神薬を処方される。それでも、個室ではなく、多床室でよいとあなたは言えるだろうか。

じつは、これは経営面からみても、とても重要な問題だ。介護職員の確保がむずかしいことが社会問題化している。だが、それは、自分だったらいることができないような環境に高齢者を閉じ込めて、それをなだめさせられたり、鍵をかけさせられたり、薬を使わなければいけないような、心身ともに疲弊するような仕事をやらせられるからである。

実習生になぜ介護職になろうと思ったの？と訊くと、「人の役に立ちたい」「おじいちゃんおばあちゃんが大好きです」という子どもたちがほとんどだ。その子たちが「こんなはずではなかった」と介護の仕事を辞めていくのは、本人ではなく、大人の責任である。一人称でものを考えることができない。他人事になってしまう人と人との分断が背景にあることが問題なのだ。

「一人称」で見えてくるもの

私が思う福祉は、福祉の「専門職」がおこなうそれではない。地域住民全員がそれとなく、相互に支えあい、困らない関係性を築く。専門職はその環境としてのプラットフォームをつくることだと思っている。

数々、福祉事業者が専門性の名のもとに、自分だったら生活できないような場所を量産し、壁を作り、人を閉じ込め、分断してきた社会を、どのようにしてひろげ、戻していくのか？　私は本著においてそれを問いたい。「子どものため」「高齢者のため」「障害者のため」と銘打った時点で、私自身は失敗だと思っている。なぜなら、共同執筆している仲間たちはみな知っているからだ。子どもだけ五〇人、高齢者だけ五〇人、障害者だけ五〇人の社会は異常で異様にみえるが、一五〇人がまざっていると、とても素敵な光景に変わることを。

二〇〇七年に私が壁を壊した話をしたが、それは、まさにこの「雑多で、素敵な光景」を、「だれかではなく人間を」大事にしたかったからにほかならない。壁を壊すに至った経緯はいろいろあるのだが、こうして文章を書きながら思い出したなかに、国際医療福祉大学の社会人コースである乃木坂スクールでの、ジャーナリストの大熊一夫氏のお話がある。

大熊氏は「イタリアには精神病院がない」と言われた。日本人にその話をすると「精神病院がなくて大丈夫なのですか？」という人がほとんどだろうが、イタリア人に日本の精神病院話をすると、「精神病院なんかにいれて大丈夫なのか？」と言うだろう、そんな話だった。

私は仰天した。もちろんイタリアにも悲しい過去はある。かつて、イタリアにも精神病院は数多くあり、地中海に浮かぶ島がまるごと一つ精神病患者を収容する病院になっていたという、さながら島流しのような事例もあったそうだ。

その後、精神科医のフランコ・バザリアによる廃絶運動によって、精神病院は撤廃されている（バザリア法）。精神病患者は地域で暮らし、医師や看護師が訪問診療に行くためのセンターを地域につくることにより、市民側も悩み事を相談しやすくなったという。今では精神病患者を収容していた島はリゾートホテルになっているそうだ。

精神病院や施設などのありかたをひもといていくと、戦後まもなくのみなが困窮した時代や一九六四年に起きたライシャワー事件など、歴史の話に立ち入らなければならないのでここでは触れないが、日本の精神病院の数は世界的に見て突出していて、人権の問題も含め、世界的に問題視されていることを多くの日本人は知らない。

バザリアの改革は映画にもなっているのだが(『むかしMattoの町があった』)、そのワンシーンで精神病院を囲っているフェンスをみんなで壊すシーンが印象的で、私の胸を強く打った。その後の地域住民との交流をつうじて、精神病患者は、患者ではなく地域住民になっていったのだった。この光景は、私の原風景のように、頭にこびりついている。

だから、私は、介護職として認知症の理解を深め、差別的な考え方がなくなるように地域の人に知ってもらおうと、認知症サポーター養成講座などをしばしば開催してきた。若いころ勤めていた特別養護老人ホームでは、お祭りをしようとか、ボランティアに来てもらおうとか、幼稚園児が団体で慰問にきて歌を歌ってくれるようにしようとか…そういったことをいろいろやってきた。

しかし、一人称で考えたとき、ふと思った。

私が九〇歳になったときに「慰問です」と言われ、一方的に歌を聴かせてもらってうれしいだろうか？　子どもたちの歌を聴くのはともかくとして、少なくとも私だったら子どもたちになにかを与えたり伝えることができる大人でありたいと思うのではないか？

私には、自分が泣きながら拍手をする姿は、想像できなかった。そもそも、塀のなかに閉じこもっている可哀そうな存在にされてしまうことを是とするだろうか？　塀のなかから「認知症を理解してください」とか「障害についてもっと興味を持ってください」と広報誌を出したりしていること自体、おかしな話なのではないだろうか。

知らないことのおそろしさ

そもそも、なぜ、介護施設では、壁が必要と考えられてきたのだろうか。おそらく、ほとんどの事業者は、「安全のため」とこたえるだろう。でも安全ではないと考えるその思考の源泉はおそらく「知らないから」に他ならないと思っている。おそらく私たち日本人は高度成長期のなかで、近いものしか知らない、分断された囲いのなかで育ってしまっているのではないだろうか。

高度成長期以前の日本は三世帯同居が多かった。そのころは家族という最小の単位である社会のなかですら、多様性を感じることができたであろう。孫たちは祖父や祖母が緩やかに老いていくことを、体験をとおして学ぶことができた。そして、私の父もそうだがきょうだいが多かった。きょうだいのなかには、手に障害のある弟もいたが、それは特別なことではなく、「そういうものだ」と家族は理解していたという。

高度成長期において核家族化がすすみ、最小単位の社会であった家族ですら、多様性を理解することが難しくなった。祖父母とはときどきしか会わなくなり、物心がついたときには介護が必要な状況で顔を合わせる存在なんてことも、この仕事をしているとめずらしくない。

昔は父親ひとりの稼ぎで一家を養っていくことができた。結婚の条件として妻や子を養うことができるのか？ などと言われたものである。だが、時代は変わり、今や政府も世帯収入という言葉をつかう。父親一人の収入で家族を養うことができる家庭は少なく、両親ふたりの共稼ぎでなんとか生活しているのが我が国の現状だ。

両親共働きで、父親も、母親も仕事に出かけているということは、「おかえり」と迎えてくれる家庭ではなくなっているということだ。小学生の子どもが家に帰ってきても誰もいない。両親と顔を合わせている時間も少なくなっている。きょうだいはふたり…、ひとりっ子もめずらしくはない。家族という最小単位の「社会」で多様性を感じることが難しくなった。

俗に「標準世帯」と言われた、両親と子ども二人というこの家族構成はすでに崩壊している。現在の日本で一番多いのはすでに単独世帯であり、二〇四〇年には四〇％以上が一人暮らしの単独世帯になるといわれている。その多くは高齢者だ。

家族のなかの分断、孤立化だけではない。小学校にすすめば、障害を持つ子どもは特別支援学級に分けられ、中学、高校、大学にすすめば学力によって分けられ、社会に出れば専門性で分けられる。自分にちかい、似たような人間しか見ないで育ち、教育を受け、働く日本人。例えば、一般人から見れば「病院」は同業組織に見えるかもしれないが、医者、看護師、介護士、作業療法士、言語聴覚士、理学療法士…といった具合に分断され、そのヒエラルキーのなかで汲々としている人が多い。

そんな分断を助長するような環境で生き続けていれば、少しでも自分と違った人をみれば、それを排除するようにイジメがおこる。そんななか、私の住む神奈川県では「やまゆり園事件」がおこった。障害を持った方が一九人殺害されるという、あまりに痛ましい事件だった。「あんな奴らは死ねばいい！」という言葉が象徴するように、自分と違い、さらに自分より不幸にみえる人間をさがしてそれを叩くことで自分の存在を肯定する。そんな民族になりさがってはいないだろうか。

私には、家族構成を変える取り組みをすることはできないし、私がすることでもないと思っている。だが、この先単独世帯ばかりになるこの国において、分断や排他的感情が生まれる土壌は多分にあると思う。この分断の壁を壊すために、物理的に、壁をなくすという作業も必要だが、体験を通して心の壁を取り払う作業も必要ではないだろうか。

実際のところ、「知らない」というのは誤解や恐怖を生む。

私の住んでいる地域には県立の養護学校がある。小学生のときに、最寄りの駅から養護学校に歩いて通学する保護帽を被った障害を持った人たちの集団を見たときの感想は正直に言えば怖かった。あのなかに入ったら何かされるんじゃないか？　と本気で思っていた。

しかし、東北福祉大に進学し、春休みで学生がほとんどいないキャンパスにサークル活動のために居合わせた私をみつけた学生課の先生が、これ幸いとばかりにバイトを紹介してきた。宮城県の準公務員扱いで、養護学校に併設された、障害児の生活施設の夜勤のアルバイトをしてくれないかというものだった。毎月一〇日ほどはその施設に泊まり込んで子どもたちと過ごすという仕事だった。

軽度から重度まで、さまざまな理由で親元で一緒に暮らすことができない子どもたちとの生活が始まった。おむつをしている子もいれば、保護帽をかぶっている子もいた。ときどき家に帰ることができる子もいれば、施設の前に赤ん坊のときに置き去りにされた子もいた。

バイトを始めた当初は、おっかなびっくりしながらの毎日だったが、しばらくすると子どもたちと健常者といわれている自分の違いがわからなくなってきた。別になにも違わない。いや、語弊はあるのだと思う。生きづらさとかも全然ちがうのかもしれない。でも、少なくとも、私のなかでは、あっという間に特別なことではなくなった。

サービスプロバイダーからプラットフォームビルダーへ

いろいろと思いを述べてきた。結局のところ、私が「あおいけあ」という介護保険事業を通じてやりたいと思っているのは、介護サービスを提供する「サービスプロバイダー」としてのそれではない、ということだ。

サービスプロバイダーで許されるのは二〇〇〇年の介護保険制度まえ、老人福祉法までだと考えている。その時代であれば、介護職員は一〇時にお茶を配り、おむつ交換をし、一二時にはご飯を配膳し、といったルーティンワークを高齢者「に」すればよかった。しかし、介護福祉士の国家資格まで持っているスタッフが、一〇時にお茶を配るのが仕事だろうか？　それは仕事ではなく労働であり、介護職員の質が低いのではなく、それをさせているトップの質が低いのだ。

二〇〇〇年からの介護士の仕事は「ソーシャルワーク」だと思っている。高齢者「に」お茶を配るのではなく、軽減または悪化の防止を目的として高齢者「と」一緒にお茶を淹れる。できるならば高齢者「が」お茶を淹れてくれる「環境」を「つくる」のが介護士の仕事だ。

認知症状で短期記憶が悪化しているのであれば、もしかしたら電子ポットは使えないかもしれない。一緒にホームセンターにポットを買いにいけば、お年寄りはエアーポットか魔法瓶タイプの蓋をまわすタイプを選ぶだろう。そのポットを手近な場所においておき、「お茶を淹れるの手伝って!!」と頼み、お年寄り自身がお茶を淹れてくれる環境をデザインするのが二〇〇〇年からの自立支援を目的とした介護士のありかたであろう。

二〇一〇年からは「地域包括ケア」という概念がでてきて、二〇一五年に実装された。悲しいけれど、介護保険は所詮「ベーシックサービス」である。この問題は終章で井手さんが語ってくれるが、実際に福祉という幸福感を感じながら生きていくためには地域社会との関わりは不可欠になる。ここまでベーシックサービスではカバーしきれない。

認知症で一人暮らしのおじいさんがデイサービス事業所に通い、毎日運動用のマシンを使って筋肉が付き、要支援まで介護度が改善したところで、おそらく地域社会で生活はできないだろう。私たちは、ご近所の方々におじいちゃんが帰ってきたら「これまでどおりオカズを持っていって様子をみてくれませんか？」「ゴミの日にはお声掛けをお願いできませんか？」とお願いをすることで、はじめて生活ができる希望が見えてくる。単に筋力量があがることが自立支援ではない。介護事業者の今日的な仕事は、そのためのプラットフォームビルダーである。

子どもだろうが、障害者だろうが、高齢者だろうが、社会のだれもが「認知症のひと」などタグ付けされることがなく、「〜さん」というひとりの人間としてあつかわれる。看る／看られるという上下の関係ではなく、「あたりまえ」の地域の仲間としてあつかわれる。そんなふつうのことを、子どものころから感じあうことができるプラットフォームを地域に点在させていくのが私たちの仕事である。

これも某委員会での話ではあるのだが、津久井やまゆり園再生事業で神奈川県から意見を求められたことがある。県職員の方はわざわざ事業所まで出向いて話を聴いてくれたし、コロナ禍でオンライン委員会になることもあって、直前に書面でも意見を書き送った。

やまゆり園事件は、先にも書いたが、分断が引き起こした事件だと思っている。あたらしく再生されるそれは分断を壊す象徴であってほしい。だから、セキュリティ意識ガチガチで防犯カメラが装備されていたりするそれではなく、園の敷地や運動施設などは地域のかたが気軽に使えるように開放して、日頃日常からお互いが交じり合い、慰問やボランティアに行く場所ではなく、バス停へ行くときの近道になっていたり、ドッグランがあったり、子どもの遊具だけではなく高齢者が使える健康遊具なども置いて散歩のときには必ず寄りたくなる場所にしてほしい…など、かなり熱心に、時間をかけて提案した。

しかし、行政サイドから出されてきたものは、水かがみの鎮魂碑が中央に鎮座してアスファルト舗装された鳥観図だった。私が事前に出した意見に対しては、「コンクリートの塀ではなく生垣にしました」という回答が寄せられた。

さらに、やまゆり園事件後に神奈川県が出した『ともに生きる社会かながわ憲章』の活動報告として県職員が少し誇らしげに発表した内容が、「昨年までの県民アンケートではともに生きるかながわ憲章の周知率が七％でしたが、今年は二二％に跳ね上がりました。音楽イベントや障害者団体とスポーツイベントのマッチング事業などが功を奏した形です」というものだった。

いや、そうじゃないだろう。数年かけてやった事業が言葉の周知でしかなく、おまけに、分断を壊す象徴であるやまゆり園の再生が、人を寄せ付けない聖なる墓標のような場所つくりでしかない。これで未来の何が変わるのだろう。言葉の周知ではなく、実際にどのような方法で「ともに生きる」という社会を練っていくのか。それは五年、一〇年、一五年と時間のかかるものだと思う。そしてこれは、やまゆり園再生事業だけではなく、地域のあらゆる事業者が未来の自分たちのために実行していかなければいけないことだと思っている。

最期まで地域社会で生活するための「ノビシロハウス」

私は、地域の人がソーシャルワークをしていくような実践が本筋であって、介護事業だけでそれをおこなっていくのはもはや違うと考えて動き出した。医療や介護などの社会保障や、福祉事業によらない、気にかけあう地域づくりを数年前から考えてきた。はからずも介護の世界ではある程度ではあるが有名になった。年間一〇〇回はゆうに超える講演依頼が来るようになると、介護事業者だけでなくいろいろな産業のおもしろい考えを持った人からお話を聴かせてもらったり、悩み事を聴くことがとても多くなった。

そのなかの一つで、心に残っていたのが不動産仲介人の話で「高齢者がアパートを借りることができない」というキーワードだった。大家さんも不動産管理会社も、孤独死による事故物件化や認知症による近隣住民とのトラブルを恐れて、大抵の場合断られてしまうということだった。先に書いたように、二〇年後には一人暮らし、つまり単独世帯は四〇%を軽く超えてくる。であるのに、高齢者がアパートなどで生活ができないという話はかなりの驚きだった。

高齢者にとって、現時点での選択肢は、非常に限られている。

例えば、夫婦二人で一軒家に住んでいたとする。子どもたちは違う土地で独立している。そんなある日、夫婦のうちどちらか(仮に父)が亡くなったとする。昔は四人くらいで住んでいた大きな家に高齢の母一人である。掃除や草むしりも相当な負担になる。そんななか、近所の人や民生委員さんから遠方に住む子どもに「おかあさんが転んだ」とか「ゴミ出しを間違えている」などの連絡が入る。

独立している子どもたちも仕事や生活があるため、帰ることも難しい。選択肢としてよくあるのが、有料老人ホームやサービス付き高齢者住宅への転居である。土地家屋を売却した数千万の売却費が有料老人ホームの入居一時金として消える。

毎月、年金と子どもたちの仕送りで生活するケースが多い。藤沢市あたりでも一五万円～三〇万円くらいの費用がかかるので、子どもたち世帯も生活は苦しくなる。住み慣れた地域から離れた場所に転居する場合が多いので、年来の友人もおらず、環境の変化によるリロケーションダメージで認知症の発症、悪化などのリスクも高まる。生活も従来通りではないし、自由も少ないのでQOLは低下する。面会に行った際に「連れて帰って」と泣かれたり、認知症の悪化で子どもが理解できないなどがおこると、自然と子の足も遠のく。

これがアパートだったらどうだろう。月々の家賃や生活費も不動産売却した費用でしばらくの間はこまらない。子どもたちからの仕送りも必要ない。もしかしたら財産を残せるかもしれない。住み慣れた地域内での引っ越しであれば、いつものスーパーに買い物に行き、年来の友人たちとお茶を飲みに行くこともできる。

不動産業界の「貸してくれない」「貸せない」をうまくクリアできれば、地域社会のなかで最期まで生活できる、そのために「ノビシロハウス」という事業を私は始めた。

私の住む地域は、最寄り駅の「六会日大前《むつあいにちだいまえ》」が示すように、日大生むけの単身者ワンルームアパートが非常に多い地域だ。そんな地域柄だろう、たまたま二〇一九年、地域の信用金庫の支店長さん経由で「加藤さん、アパートを買いませんか？」という話がきた。

きけば平成一六年築のまだきれいな軽量鉄骨のアパートが八部屋中、二部屋しか埋まっていないので、オーナーが手放したがっている、あおいけあなら社宅とかそういうニーズがあるのではないか、そんな問い合わせだった。

そもそも、なぜアパートが空室だらけかといえば、学生の絶対数が減っているからだ。さらに一昨年前の日大アメフト部のタックル問題で入学希望者が減り、昨年は昨年で、コロナのために対面授業が減り、アパートを借りて大学近くに住む理由がなくなったこともあったという。

こうして、近隣の単身向けワンルームアパートは空室だらけになった。二〜四月に入居者が決まらないと、たいていの場合は一年間空きっぱなしになり、不動産オーナーは家賃を下げていかざるを得ない。当然、地域の資産価値は減少していく。そんな背景があるらしく、このアパートを活用して、ノビシロハウスという事業が始まったのだった。

自治のためのデザインを考える

誤解のないように言っておくと、私は「高齢者アパート」をつくりたいとも、つくろうとも思っていない。高齢者しか住まないアパートはおかしい。多世代型のアパートをつくりたい。だから、既存のアパートから台所から風呂、トイレ、床板に至るまですべて交換しフルリノベーションを敢行した。

床板は住宅建材ではなく無垢の板を貼り、照明器具はダクトレール採用で自由度を増し、キッチンシンクなどもかなりおしゃれにした。一階の部屋は車イスのままでも入れるようにバリアフリー化して、トイレやお風呂などの水回りは大きくつくり、介護が必要になっても対応しやすいように、あおいけあで導入している間取りをそのまま取り入れた。

高齢者が部屋を借りるリスクとして「孤独死」や「認知症によるトラブル」を挙げたが、それを回避する方法として取り入れたのが、まさに「ソーシャルワーク」だった。もちろん、トイレの水の流れるセンサーや、部屋の電気スイッチＩｏＴなどの動感センサーでも取り入れているが、ソーシャルワーカーとして一般人を起用したことがポイントである。

平たく言うと、八部屋中の二部屋の家賃が半額になっている。この二部屋は若者向けで、半額の条件は、「もしもアパートに高齢者が入居した際には、会社や学校に行くときに『いってきます』と声をかけてから出かけること」、「月に一回入居者のお茶会を主催すること」である。ねらいが多世代交流にあることは言うまでもない。

ちなみに既存のリノベーションしたアパートの隣に、もう一棟、新築棟を建てている。その一階部分には、焙煎機の入った本格的なカフェにコインランドリーが併設されている。お茶会はこのカフェで開催してもらう。

極論すると、結果として高齢者が住まなくってもいいと思っている。カフェやランドリーがあるだけでも十分に全世代に魅力的だと思うからだ。家賃は地域相場に比べると少し高い。その高い家賃の半額を、高齢者が若者をアシストする名目で出していただく。若者はその分、年配者を気にかける。仕事から帰ってきた若者に、年配者が「これ食べなさい！」とおかずをくれたりするような、気にかけあう空間となることを期待している。

ちなみにカフェとランドリーの二階は、在宅訪問看護をおこなう看護師さんの事業所と、在宅訪問診療をおこなうお医者さんの事業所が借りてくれた。両方の事業所とも、やはり月に一回「暮らしの保健室」と称して、一階のカフェで地域住民向けに無料の医療相談をしてくれる。仕事柄よくみる高齢者一人暮らしのあるあるだが、話し相手がいない、やることがないという理由で地域の医療機関に日参する人が多い。たいして必要のない電気を当て、湿布を大量にもらってきて、それが部屋にたまっているというのをよく見る。そして、社会保障費、つまり税金でそのお金のほとんどが支払われている。

医療機関が至近にあれば、簡単な相談はいつでもできるし、カフェが目の前にあることで地域住民どうしのコミュニティ形成が容易になる。実を言えば、コインランドリーは仕事を創出する意味合いもあり設置した。お年寄りの家事代行サービスである。

ノビシロハウスの道向かいには保育園があるが、朝、子どもを預けにきたときにカフェにいるおばあちゃんに洗濯物を預けるとコインランドリーの出し入れをして畳んでくれる。夕方、お迎えに来たときには洗濯が終わっている。おそらく、私には洗濯物を預けたくないだろうがおばあちゃんだとハードルが下がると思う。そうした意味では非常にマッチングしている仕事になる。焙煎した珈琲豆の地方発送のシール貼りなども仕事にしていく予定だ。

私は、高齢者が自宅で亡くなったとしても、当日か翌日に見つけることができれば「孤独死」ではなく「尊厳死」だと思っている。入院して医療費を使うこともなく、介護保険サービスを受けるでもなく、最期まで自分の生活を続けて、地域の人に支えられ、ときには支え、自宅の部屋で亡くなることは寧ろ理想ではないだろうか。

もちろん必要なベーシックサービスを提供していくことはとても大切なことだ。ただ、ベーシックサービスを張り巡らすだけでなく、人が人を気にかけあうことのできるプラットフォームをつくることは、それ以上に重要だ。介護や福祉の事業者の役割はサービスプロバイダーとしての「専門家」に留まるのではなく、だれもがソーシャルワークを意識しないでもできるデザイン、まさに自治のためのデザインを考えていくことではないだろうか。

第２章 社会が若者を失うまえに
――校内居場所カフェの実践から

石井正宏◎ＮＰＯ法人パノラマ理事長

取っ組み合いから大合唱へ

二一年前、「不登校・ひきこもりの若者支援」という求人を、ハローワークでたまたま見つけ、なんの情熱や使命感も持たないまま、ＮＰＯ法人のドアを叩いた。正直な話、私は前年にできたばかりの特定非営利活動法人という法人格が、何を指しているのかさえ知らない素人だった。

転職条件の一番目は仕事内容ではなく、家から一五分以内という通勤時間だった。私は三一歳で、小さな子どもが二人いたが、まだまだ夢を諦め切れずに、音楽や小説をやっていて、とっとと仕事を終えて自分の時間を作れる仕事、というのが二番目の条件だった。そして、三番目の条件は、やったことのない仕事に就くという軽い思いだった。

自己実現の欲望のみに突き動かされて生きてきた私は、子どもが二人できても自分の内に燻る情熱に、相変わらず風を送り続けていた。そんな当事者性の欠片もない、ギラついた私が、魂の抜け殻のような、ひきこもりと呼ばれる若者に出会うということになったわけだ。

彼らも相当迷惑だったろうと思う。働き出すと、案の定というか、私はよく現場でキレた。若者と正面からぶつかっては、取っ組み合いになったりしていた。当時の感情を要約すれば、「なんでもっと自由に自分らしく生きないんだ！」だった。そして、当時の私の常套句は、「他人や社会から逃げれたって、自分からは逃げられないんだぜ」だった。

この思いは今でも変わらず私の中に残っている。しかし、逃げ出したくなるような家庭や職場、自分ひとりの力では変えようのない残酷な現実を、相談を通じて若者たちから突きつけられた。かけてあげる言葉も見つからずに打ちのめされながら、私の中に厳然としてあった、「働かざる者食うべからず」という、ギザギザとした自己責任論の角が取れていった。

未熟な私だったが、宿直の夜には、ひきこもりの若者たちが食堂から部屋に戻らず、私とのお喋りを楽しむように集まってきた。朝まで相談に乗った。自分で言うのもなんだが、若者と水と油のような関係だったはずの私は、人気者のスタッフになっていた。彼ら彼女らにとって、歯に衣着せぬ、ガチで向き合ってくれる大人が私だったんだろうと思う。

こんな思い出話がある。宿直の夜、私がギターを弾き、スピッツの「チェリー」を若者たちと大合唱していた。すると近所からクレームが来て、二〇時以降の歌とギター演奏が禁止になった。この出来事が、超テキトーな気持ちで若者「支援」を始めた私が、若者への「ケア」「アシスト」を一生の仕事にしようと思った瞬間である。

だって、何年も誰とも口をきかずに家から出られなかった若者たちが、スピッツの「チェリー」を大声で歌って近所からクレームが来るなんて、奇跡じゃないか。私は、他人の人生に深く関わり、よりその人らしい人生を生きるために貢献するこの仕事に誇りを感じるようになっていった。

雨漏りのする家

その後一〇年間、私はこの法人で現場の責任者として若者へのケアに関わらせていただき、じつにさまざまな経験を積ませてもらった。だが、実践者として自信を持ち、部下を従え、経営も念頭に置かざるを得なくなっていくなかで、私はさまざまな葛藤を抱くようにもなっていった。

私ののどには、ひきこもり「支援」という「待ち」の仕事だけしてればいいのか、という疑問が魚の小骨のように刺さり続けていた。そして、「清濁併せ呑む」というときの「濁」の部分をぐいっと飲み下さなければならないときに、チクチクとその小骨は存在感をあらわすようになり、次第に痛みは無視できない大きさになっていった。

ケアを始めるときには、保護者や本人から、生育歴を聞き取る時間が必ずある。当然それは私の知らない過去だ。だが、そこにもしも、自分や自分のような「気にかける人」が登場できていたら、この人はここまで苦しまなくてもすんだのでは……そんな思いが心をよぎる。だんだん、「もっと早く出会えていれば」という思いが私を苦しめるようになっていき、「待ち」の「支援」に終始していた自分への違和感はぬぐいがたくなっていった。

そんなある日のことだった。定時制高校からキャリア・セミナーを開催してほしいというオファーがあった。久しぶりに入った学校を案内してもらったが、高校生たちのイキイキとした無邪気な笑顔や、爽やかな挨拶に私は圧倒された。そして、この生徒たちが誰一人ひきこもりにならないことを秘かに願わずにはいられなかった。

じつは、依頼を受けたセミナーの裏テーマに、「いつかひきこもりにならないために今できること」という願いを忍び込ませた。「待ち」に疲れていたからだ。幸い、このセミナーは評判が良く、翌年もご依頼をいただくことになり、私と高校の距離はぐっと縮まることとなった。

同じ時期に、他の定時制高校の学校運営評議委員に任命されたことも大きかった。あるとき、評議委員の皆さんとともに授業参観をさせてもらった。話を聞かない生徒たちに立ち向かうように、声を張り上げて授業を行う先生の姿が、頼もしくも痛々しく見えてしかたなかった。

授業の後、暗い夜の学校の廊下を歩きながら、「あの先生を支えている人はいるんでしょうか?」と、ある委員さんが呟いた。その言葉が、若者にしか目が向いていなかった私に突き刺さり、恥ずかしい気持ちになったことを今でも覚えている。

このような葛藤と体験を通して、私は「雨漏りのする家」というイメージを若者支援に抱くようになった。私のしていることは、天井から落ちてくる雨粒をバケツで受け止めているだけではないか、そう自問するようになった。

そのバケツは見るみるうちに水が溜まり、あふれ出すことが分かりきっている。ひきこもり支援業界の大物たちは、厚生労働省を巻き込んで、バケツが足りないと大騒ぎをしていた。ちなみに、昨今の地域若者サポートステーションの利用年齢の引き上げもまた、バケツをタライにする政策でしかないと私は考えている。

このままでは柱が腐り、家が倒壊するというのに、不思議なことに誰も天井に登って行って、屋根に空いた穴を塞ごうと言い出す人がいない。

手前味噌になるが、「もっと早く出会えてさえいれば」という思いで、天井を見上げ続けてきた私には、屋根のどこに穴が空いているのか、おおよその見当がついていた。

端的に言おう。普通科の学力下位校、底辺校、あるいは、課題集中校や教育困難校と呼ばれる高校、さらには、定時制や単位制、通信制の高校、これらが「屋根に空いた穴」だ。そして、これらを中退したり、進路未決定になったりした者たち、就職したものの長く続かなかった早期離職者たちが「雨粒」の正体だ。付け加えると、モラトリアム的に専門学校やFランと呼ばれる大学にＡＯや推薦で進学していった生徒たちも、その後、雨粒になるリスクが高い。

学力不振と貧困は相関している。もちろん裕福な家庭のなかでも問題は起きるが、大半のケースは、経済格差に苦しむ、貧困層の家庭の子どもたちが、雨粒となって天井から落ちてくると見ていい。

これらの若者たちが、学校や職場という居場所を失い、一〇年の潜伏期間を経て、三〇歳手前でどうにもならずに、「支援機関」に助けを求めてやってくる。嫌な言い方になるが、委託事業が始まる前の二〇〇四年頃までなら、保護者がドアを叩けば、それが利用料のような形で売り上げになった。

委託事業が始まり、国から成果を求められるようになると、雨漏りの穴を塞ごうともしないで、どれだけ多くの新規利用者を獲得できるかを国に競わされるようになった。

餅は餅屋というのもわからないではない。だが、専門性の殻のなかにひきこもっていたのでは、NPOの掲げるミッションは達成されることはない。ひきこもり問題と向き合うために高校に出入りすることができるようになった私は、屋根に空いた穴を塞ごうと言い出す人がいないこの構図を、冷めた目で俯瞰して見ていた。

そして、残りの自分の人生を何に捧げるべきかを考え、二〇〇九年に自らの法人を立ち上げ、まだ誰も上がったことのない、暗い天井に登っていくことにしたのである。それはまさに、喉に刺さった小骨を抜く作業だった。

「だいじょうぶ」じゃない

起業してから気がついた問題がある。日本には「まだ困っていない人へのアシスト」がない。アシストがないということは、それに必要なヒト・モノ・カネがついていないということだ。この問題を声高に訴えると、ちゃんと制服を着て学校に行けている高校生のどこが貧困なんだと、こちらのほうが非難されてしまう。

今、さらっと一四〇字ほどで書いた右の文章には、予防のためのアシストにおける三つの深刻な問題が含まれていたことにお気づきだろうか。

①　経営のための資金が得られず、支援を継続して行えない問題。
②　本当に困ってしまったときの絶望が人に与えるダメージの問題。
③　相対的貧困という、言葉ではわかっても、感覚的に理解されにくい問題。

②について。生活保護に限らず、すべてを失ってしまった人たちというのは、家や財産だけでなく、自尊感情や尊厳さえをも失ってしまった人たちだ。仕事や住まい、生活を取り戻すためには、生き続けたいと願える、自尊感情や尊厳を取り戻すところから始めなければならない。これは、ひきこもってすべての友人や趣味を失った人たちへのケア／アシストにも通じる問題である。

想像しにくいかもしれないが、すべてを失ってしまった人たちは、マイナスの世界に立ち、不信や憎悪の硬い殻のなかで見えないファイティング・ポーズを取っている。私たちがケアを届け、アシストさせてもらえるようになるためには、一度プラスマイナスゼロの地点に立ってもらい直す必要がある。ところが、これは当事者にしてみれば、想像を絶する大変さをともなう。

私たちは、自尊感情や尊厳を失い、不信と憎悪に包まれて生きている人たちに「そこから足を踏み出せ」と言うわけだ。でも、彼らにとってそれは、そんな大変な思いをするくらいなら、ホームレスになる方がマシだ、死んだ方がマシだ、という次元の要求なのだ。

すべてを失ってからの支援は、精神的にも経済的にも苦痛をともない、非効率極まりない。だから、すべてを失う「前」からの支援が絶対に必要なはずなのだが、それが日本には存在していない。
これは、健康と病気の間にある「未病」の段階で手当して病気にさせない「未病改善」と同じ考えである。だが、医療とちがって、自立支援の場合は、「働かざる者食うべからず」と言わんばかりの自己責任論が邪魔をする。病気じゃないんだから、支援の前に自己責任、というわけだ。人はどうして、こんなにも人に厳しいのだろうか？

③について。衣食住が満たされない絶対的貧困は、目で見てわかる壮絶さがある。しかし、相対的貧困はよく目を凝らしても見えにくく、そこには悲惨さの影も形もない。なぜなら、貧困は隠すべきものであり、恥ずかしいものだから、必死に当事者によって隠蔽されているからである。

のちに詳しく述べるが、私たちが高校内で運営するカフェでは、ほぼ全員の生徒がスマートフォンを弄《いじ》って、ゲームをしたり、そこにはいない誰かとSNSでつながっている。それらをしている生徒は茶髪や金髪で、メイクもしっかりしていて、身だしなみにお金をかけているように見える。多くの人が「これのどこが貧困なんだ」と、そう思うだろう。

そう感じる人たちは、まさかそんな生徒たちが、お昼ご飯を食べるお金を削ってカラーコンタクトを買っていたり、交通費がなくバスに乗らずに片道四〇分以上歩いていたり、なかには電車賃さえもなく、登校することさえできなかったりする生徒がいることを知る由もないだろう。これが相対的貧困が「見えない貧困」と呼ばれる理由だ。見えたときには、彼ら彼女ら的にはアウトなのだ。

そんな生徒たちがよく口にする言葉がある。「だいじょうぶ」だ。心配されるということは、隠したい事実がバレそうになっているという危険信号である。それを回避するための言葉が、「だいじょうぶ」なのだ。

この「だいじょうぶ」こそが、反対に、彼ら彼女らが「要支援者」だというシグナルだと考えるべきではないだろうか。これは「助けて」とは言わ(え)ない、ひきこもっている人たちへのケアとつながる問題だ。援助希求をしない人たち、ということになるわけだが、市井の人々と同じように彼ら彼女らの「だいじょうぶ」や沈黙を、行政が真に受けていていいのだろうか？　申請主義で片付けていいのだろうか？

文化資本という「フック」

相対的貧困の問題をもう少し掘り下げてみたい。例えば、一部の高齢者から「私たちの子どもの頃に比べたら今の時代のどこが貧困なんだ」と言われてしまう。あるいは、海外の絶対的貧困を生きる子どもたちと比べて、「あなたたちは恵まれている」と言われてしまう。

でも、ちょっと待ってほしい。みなさんの若い頃は国民全体が貧しく、貧富の差というものがなかった。みんなが同じように貧しかったから、お隣さんに醤油を借りに行けたのであり、貧しいことが恥ではなかった。現代では、貧富の差が歴然とある格差社会で、お隣に醤油を借りに行くわけにもいかず、ひっそりと餓死してしまうことさえある。この違いを見過ごさないでほしい。

相対的貧困というのは、世帯の所得がその国の等価可処分所得の中央値の半分(貧困線)に満たない状態のことだ。日本の四人家族の中央値が約四八〇万円なので、相対的貧困ラインは、四人家族の場合は約二四〇万円以下となる。ポイントは、お金がないのではなく、二四〇万円を家族四人で切り詰めながら暮らすことが相対的貧困ということである。

重要な点は、何を切り詰めて生きているのか、ということだ。少し雑駁な物言いになるが、私は「文化資本」を切り詰めて生きていると考えている。

あるとき、私たちが運営している校内居場所カフェに、ある方がみかんを箱で持ってきて下さった。そんなにいっぱい持ってきてくれても余ってしまう、と正直困惑した。だが、あっという間にみかん箱は空っぽになり、みんなが嬉しそうにみかんを頬張っていた。なかには、何個も隠し持っている生徒もいた。

相対的貧困状態の家庭では、「あってもなくてもいいもの」は「ない」。それが果物なのだということを知った。衣食住の衣でいえば浴衣はいらない。音楽はテレビから流れるものであり、本でも絵本や小説はなかったりする。

文化資本の最たるものが学力（学歴）だ。「高校なんて卒業しなくたって生きていける」と、親があっさりと中退を認めてしまうのは、学力が「あってもなくてもいい」ものと、その家庭で見なされている証だ。

学力の有無がすべてと言い張るつもりは毛頭ない。ただ、あってもなくてもいいものがあるから、私たちは豊かさを感じて生きていけることも事実だ。そのモノやコトのなかに、人の温もりや優しさを感じ、脈々と受け継がれてきた伝統などの文化を感じ、季節や世界の広さを感じることができるのだ。

憲法は、「健康で文化的な生活」を営む権利をすべての国民に保障しているはずだが、生活保護は、文化資本を切り詰めなければやっていけない「最低生活費」が支給されているだけだ。文化資本は人と人をつなぐ「フック」だ。だから、文化資本の少ない人は社会関係資本（人脈）につながることができず、その先にある経済資本（仕事）にたどり着くことも難しくなる。

一般世帯と生保世帯の大学進学率を比べれば一目瞭然だが、大学という文化資本へのアクセスが絶たれた世界を生きるしかない生保世帯の子どもたちがたくさんいる。この子らは貧困から抜け出すことができずに、生保の利用が世代をまたぐ連鎖をさして〈世襲制〉と揶揄される。でも勘違いしないでほしい。これは制度の問題なのであり、個人の努力の問題ではない。

私たちが運営する校内カフェの名物イベントに「浴衣パーティー」という、ただ浴衣を着せてもらい、カフェで過ごすだけのイベントがある。この企画は、着物を着てボランティアで参加してくれている女性が、「浴衣を着たことのない子がこんなにいるなんてびっくり。あの子たちに浴衣を着せてあげたいわ」の一言から始まった。他愛もないイベントだが、五〇人近い生徒が、寄付で集めた浴衣を着て、楽しそうに写真を撮り合ったりしている。

私はこのようなことを「文化資本のシェア」と呼んでいる。こういう何気ない日常の一コマを経験していない、文化の蚊帳の外に追いやられて生きている人と、街ですれ違って気づくことはまずないだろう。しかし、同じ時間をともに過ごしていると、箸の使い方や食べ方など、ちょっとした作法や生活習慣が身についていなかったりすることに驚くことがある。

同調圧力の強い島国である日本では、この、ちょっとした違和感がすごく目立ち、しばしば集団にハレーションを起こしてしまい、暗黙のうちに排除されてしまう。これが私の考える文化資本の欠如と、社会的孤立の因果関係である。

アシストのふたつの形

井手さんは序章のなかで「支援ではなく、アシストという言葉を使ったらどうか」と提案している。「支援＝助ける」を「アシスト＝そばにいて気にかける」に置き換えることに成功したとしても、アシストにはふたつの種類があることを忘れるべきではない。

雨漏りのする家の天井から落ちてくる雨粒を受け止めるひきこもりへのアシストである〈対処型アシスト〉と、天井に登って屋根の穴を塞ぎつつ、学校等に所属している者をアシストする〈予防型アシスト〉の区別だ。

大事なことは、私がアシストしている高校生たちは、「これから困難を抱えるリスクが高い若者」ではなく、「現在、困難を抱えて生きている若者」だ、ということである。そして、それゆえに学力が伸びず、中退や進路未決定になるリスクが高く、貧困や社会的孤立に陥りやすい若者でもある。

彼ら彼女らが対処型アシストを受ければ、その費用は社会的投資として積まれた税金でまかなわれ、放置すれば、社会保障を支える側ではなく、支えられる側になってしまうだろう。また、アシストを受けず、反社会的な行動を取れば、皆さんの生活が脅かされるかもしれない。

このように、若者の経済的自立の問題は、じつは国民全体の問題なのだが、自己責任論として個人や世帯の問題に帰結させてしまっていることこそが、先述した三つの深刻な問題を招いている。

これは国民にツケとなって返って来てしまう。例えば、ひきこもりの問題を個人や家庭の責任としてきた結果が「八〇五〇問題」（八〇代の親が五〇代の子どもを支える構図）であり、若者支援のプライオリティーを上げずに先送りし続けてきたことの政治的結果にほかならない。私は、同じことが子どもの貧困でも起きてしまわないか、心配している。

また、〈対処型アシスト〉を受け始める年齢は、一般の人たちが「若者」という言葉から想像する年齢よりも実際は高く、三〇歳を目前とした二七～八歳からである。これは高校という所属を一七～八歳で失ってから一〇年経たないと社会的には可視化されないことを意味している。

この、彼ら彼女らを社会的に完全に見失ってしまう時間を、私は〈失われた一〇年〉と呼んでいる。ここを短くし、なくしていくことが予防型アシストの基本だ。つまり、あらゆる教育機関と個人へのアシストが可能な限り地続きになるということであり、これが私の目指している、ケアのあるべき姿である。

〈失われた一〇年〉が深刻なのは、この間に、若者たちが複合的な困難を抱え込み、社会復帰に相当なストレスがかかることである。例えば、支援を受けて就労意欲を取り戻したとしても、履歴書の空白は埋めることができず、これが対人恐怖につながり、面接に行くことができなくなるケースがある。何かひとつを解決すればすべてが解決して、自立につながる、そんなうまい話はないのだ。

おだてると木に登ってくれる!

しかし、現場には絶望だけでなく、希望もまた存在している。

ここで、二〇代後半以降のひきこもりをアシストしていた私が、実際に高校に入り、相談室で高校生と対面してみて感じた希望を皆さんと共有したい。それは、単純なことだ。「あー、この子たちはおだてると木に登るんだ!」という感動にも似た衝撃だ。付け加えるならば、くすぐれば笑ってもくれる。

率直に言って可愛い。泥沼のようなひきこもり支援を続けてきた私は、これには感動した。そして相談室での生徒の笑顔は成果となってすぐに表れた。

私が高校で相談を始めて間もなく、学校を辞めると言って聞かない一年生の面談を依頼された。辞めてどうするのかと訊くと、家を出て住み込みで働くと言う。応援する体でハロワの端末にアクセスし、「一六歳、住み込み」で検索し、〇件であることを見せた。あれこれデータを見せ、「悪いことは言わない。高校生でいるのが今は楽だぞ」と諭した。この間一〇分弱。あとは生徒の好きなバンドのライブをYouTubeで一緒に観た。チャイムが鳴り、相談室を出て行く生徒に、「明日からちゃんと学校来いよ」と声をかけた。その生徒は、次の日ちゃんと学校にきた。

また、ある進路未決定になった生徒の受け入れをお願いした、町の精肉店に先生が見に行くと、何度も頭髪指導したのに言うことを聞かなかった生徒が、髪型を整えてコロッケを揚げていた。正直に言って、私は大したことは何ひとつしていないが、先生たちはそれらを「奇跡」と呼んだ。

逆に、若者と呼ぶには歳を取った感のある相談者を、何時間おだてても、木に登ってくれることはまずないし、くすぐったって表情ひとつ変えない。彼ら彼女らは年単位で少しずつ変化していく。悲しいけれど、これが現実だ。

大事なのは「変容性」である。アシストされた若者が、その前と後でどれくらい変わったか。変容性が高ければ高いほど、アシストの成果は当然良いわけである。おだてれば木に登り、くすぐれば笑うというのは、この変容性の高さを示している。我が国の若者支援は、変容性の低い層しかターゲットにできていない。これこそが私の言いたい若者支援の大問題点だ。

それが悪いとか、〈対処型アシスト〉をしなくていいなんてことを言いたいのではない。私が言いたいのは、〈対処型アシスト〉だけでは駄目だということであり、学校に来られている期間の〈予防型アシスト〉を充実させるべきだ、ということなのだ。

そして、貧困世帯の生徒が多く入学してくる高校の先生たちは、「自分たちだけではもうどうにもならない」と、もっと悲鳴をあげるべきであるし、外部の支援を受け入れる体制、具体的に言えば、外部連携コーディネーター担当のような教員の加配などを構築するべきである。

それこそが教師が取るべき生徒ファーストの態度ではないだろうか。高校進学率がほぼ一〇〇％となった今、「高校は義務教育ではないんだから学ぶ意欲がなければ辞めてもらってもいい」と言うのはもうやめにしようじゃないか、と教員同士で話し合ってもらいたい。

それを可能にするためには、テストの点が取れることや、校則をちゃんと守れる生徒、つまり履修できる見込みのある生徒だけを入試で選抜する適格者主義を排し、学校の運営においても、生徒の生活状況に応じた、柔軟で福祉的な視点を持つ学校、それも一部の広域通信制だけではなく、公立高校を創っていかなければならない時代に突入しているのではないだろうか。

信頼貯金を貯める

私は、二〇代後半から三九歳までの後期若者と、一五歳から二〇代前半の前期若者とを区別している。なぜ、日本の若者支援は一五歳から三九歳を対象としていながら、後期若者支援だけを行なっているのか？　答えは簡単である。前期若者が支援機関を訪れないからである。

支援機関もできることはやっている。しかし、それはポスター掲示やリーフレット、カード類を学校に設置してもらう程度だ。それでは前期若者たちの捕捉率は絶対に上がらない。

なぜ上がらないと言い切れるのか？　答えは至って明快だ。前期若者たちは顔と名前を知っている、信頼のおける大人にしか頼らないからである。

私たち大人のように、仕事に困ったらハローワークに行こうとは思わない。つまり、看板（機能）や専門性（肩書き）では、どんなスーパー支援者がいようが、関係性による安心感がなければ動けないのが前期若者たちなのである。

つまり、どんなに魅力的な餌、例えば人気のアイドルを起用したポスターを撒いても、啓発的な効果はあるかもしれないが無駄だということだ。これでは〈失われた一〇年〉を埋めることはできない。

ここで、先程触れなかった三つの問題の一つ目、経営の問題が浮上する。

アシストの対象者がいる学校にアウトリーチする必要が当然あるはずなのだが、まだ困っていない人へのアシスト(カネ)がないために動きようがないのだ。それに加え、多くの学校は部外者に対するアレルギーがあり、門を開けようとしない。ここに本書のテーマである「ケアの壁」が二重にあり、誰も手出しができない真空状態を作っているのだ。

この壁を超える有効な手段は、前期若者に顔と名前を知ってもらい、信頼関係を構築することのできる場を設けてくれる高校へのアウトリーチである。それは相談室という特別で堅苦しい部屋ではない。平場の日常会話を通じて行なった方が、生徒たちとの相性が良く、負担感がない。このような営みを通して〈信頼貯金〉を貯める、最も効率の良い手法が「校内居場所カフェ」だ。〈信頼貯金〉という関係性があれば、専門性がなくても前期若者は胸襟を開き、自分の身の上話を始める。

ただし、気をつけなければならないことがある。それは、ネット上や夜の街には、〈信頼貯金〉を貯める名人のような危ない大人たちがたくさんいるということだ。「福祉が風俗に負ける」という皮肉な言葉がある。これも、関係性が専門性を凌駕することを象徴するものであると私は解釈している。

そしてこれは、若者支援者と呼ばれる人たちが、前期若者に対して、専門性のアプローチしかできていないことの裏返しではないだろうか。

社会が若者を失う前に

〈信頼貯金〉が貯まっていれば、こちらが何も訊いていないのに、「聞いてよぉーもー最悪なんだから！」とこちらの事情などを鑑みずに、高校生たちは溜め込んだ負のエネルギーを吐露しはじめる。逆に、貯金が貯まっていなければ、(カフェの)マスターと呼ばれる私も、「だいじょうぶ」と軽くあしらわれ、心を開いてはくれない。

若者たちとの出会い方はさまざまだ。例えば、担任に無理矢理連れて来られたケース。このような場合、〈信頼貯金〉はマイナス残高になっていて、不信感から相談がスタートすることになる。担任が、「石井さんならおまえのことわかってくれるから、なんでも話してみな」などと余計なことを言ったりするからますますやりにくい。

そんな重苦しい相談室では、生徒はスマホをいじり続け、こちらの言葉が入らないどころか、攻撃的な態度を取られることさえある。まだ味方であることが承認されていないからだ。

ちなみに私は明らかに先生とは風貌が異なっている。意識しているわけではないが意図はある。こいつならわかってくれるかも、という別チャンネルになることだ。いきなり本題に切り込んでも「関係ねぇだろ」とシャッターが降りるので、「バイトなにやってるの？」と訊く。「コンビニ」などとか返ってくれれば、嫌な客の話などで盛り上がり、「帰り遅くて学校大変じゃない？」などと本題に寄せていくが、辿り着く必要はない。「こいつならまた、会ってやってもいい」、と思ってもらえれば成功だ。

そんな、マイナスの残高を徐々にプラマイゼロに持っていく緊張の営みがあり、ふわっとプラスに転じる瞬間がある。

「次回どうしよっか？」と、君が嫌ならこれで終わりでもいいよ、という余白を残しつつ、沈黙を待って「来週のこの時間にまた会わない？」という提案をする。それに対して、「別にいいけど……」的な返答がある。私はこのとき〈大人オーディション〉に合格したと感じている。

このようなやりとりから、「聞いてよぉーもー」に持ち込むわけだが、〈信頼貯金〉を貯めているのは、私の所属する法人や支援機関にではなく、あくまでも私個人であるのが前期若者たちの傾向だ。

最近、こんなことがあった。卒業生をパノラマが運営するアシスト機関に呼び、職業適正検査を受けてもらおうとＬＩＮＥで促すと、「やりたい！」と速攻で食いついて来た。しかし、その日私はそこにいない。それを後出しで言ったら「まじか。」と返信が来て、結局、私がいる日じゃないと嫌だということになった。これがまさに前期若者たちなのだ。

若者支援業界は、変容性は高いが「大人見知り」な前期若者たちとどう向き合っているのか。彼ら彼女らが学校に所属している間に〈信頼貯金〉を貯めておき、失われた一〇年の穴を埋めていかなければ、その使命を果たすことはできない。このことに正面切って向き合わなければ、若者支援は完成しないどころか、私たちが未来を託す若者たちを失うことになるだろう。

学校のなかに福祉を

高校内居場所カフェは、現在、日本全国に六〇校以上の高校で取り組まれており、多くはNPO等が校内の空き教室などを利用し、定期的にお菓子やジュースを無料で提供しながら、コツコツと〈信頼貯金〉を貯めている。

安心で安全な居場所を確保し、飲食物やイベントを通じて文化資本をシェアしつつ、課題を早期に発見し、学校内外の専門家やアシスト機関と連携したソーシャルワークを開始する機能を持っている。これらを通じて、中退や進路未決定等、その後の社会的孤立を予防することが目的になっている。

先程のLINEの卒業生のように、在学中に〈信頼貯金〉を貯めた人がいる機関には、卒後に気軽に足を運んでもらえるという意味で、壁を超えることのできる手法であると確信している。

私たちは、神奈川県立高校の二校でカフェを運営しており、T高校では図書館で、Y高校では多目的室という大きめの会議室で、いずれも毎週一回、昼休みや放課後の時間にオープンしている。

また、T高校ではカフェで出会った困難な課題を抱える生徒と、月二回行なっている個別相談日に、授業を抜け出して相談を行える体制があり、課題の解決や緩和を図るアシストを学校と協力して展開している。

学力下位の高校には、必然的に貧困世帯の子どもたちが多く入学してくるという宿命を背負いながら、そこに配置された教員が、必ずしも福祉的な視点を持って生徒をケアできているわけではないのが実態である。つまり、教育現場に福祉的課題が大量に雪崩れ込んでいるのに、学校は打つ手を持っていないのだ。

配慮されている点は、スクール・ソーシャル・ワーカー（以下ＳＳＷと略）を週の数日配置している程度である。日本の子どもの相対的貧困率は七人に一人だが、このような高校では三人に一人であるとも言われており、現状の配置日数ではケアできているとは言い難い状況である。私の実感値としては、各学年に一名のＳＳＷを毎日配置するべき深刻さがある、と感じている。

また、福祉職は福祉で、キャリア職はキャリアで課題解決を図ろうとする専門性の縦割りが指摘されるが、学校という教育現場に持ち込まれている福祉課題を、学び直しや少人数指導等の教育で解決しようとしている点にも無理を感じている。

このような取り組みは必要なことではあるが、教育的解決が図れなかった学ぶ意欲が持てない生徒たちが、学校から排除され、中卒という足枷により社会から緩やかに排除されている現実がある。

この現実を鑑みれば、学校内で福祉的なアプローチによる課題解決が同時に図られるべきであり、課題解決できずに学校という所属を離れた場合には、失われた一〇年をつくらないために、直ちにアシスト機関に橋渡しされるべきである。

懸念するべきは、彼ら彼女らが、非正規雇用に固定されることで、経済格差が連鎖し、将来に絶望することで反社会的な犯罪行為に走る者や、非社会的な行動としてひきこもりに走る者を生み出し、その結果、社会保障を支える側ではなく、支えられる側になるリスクが高いということである。

学校からの排除が社会からの排除になっているという現実に目を向けてほしい。そして、学校内に福祉職の配置を進め、部外者の声に積極的に耳を傾けるコミュニティー・スクールをさらに推し進めてほしい。私たちのようなNPOや地域の人たちが学校内で活動しやすい、外に開かれた環境を直ちに整えていってほしい。私はそう思う。

「勇者生徒」というマイノリティ

ここで、水を差すようだが、学校に配置されているスクール・カウンセラー（以下SCと略）やSSW等の校内専門家が出会えているのは、ごく一部の〈勇者生徒〉であるということを知ってもらいたいと思う。つまり、学校のなかであっても、顔と名前が一致し、〈信頼貯金〉が貯まっていない大人とは会わないルールがある限り、校内専門家と言えども、出会える生徒はごく一握りなのだ。

相談室で相談員と一対一の関係になれる生徒は、以下の三つの条件をクリアした生徒のみである。

① 自分の抱える困難な状況を言語化し、
② 恥ずかしさや恐怖を乗り越え、それを先生に伝えることができ、
③ 相談の時間にちゃんと学校に来れる。

まず、高校生が自分の置かれている状況をちゃんと言語化することは非常に困難なことである。特にボキャブラリーの少ない生徒（語彙の貧困）は、「今、家がヤバくなっている」といった感じでしか言語化できない場合が多い。

次に、それを先生（大人）に伝えることは、親や友人への裏切りであり、虐待やいじめがあった場合、どんな報復が待っているかもわからない。バラすくらいなら死んだ方がマシと思ったり、いじめを我慢できない情けない自分という誤った理解をしてしまったりする場合も多い。

学校から気持ちが離れてしまっていたり、親の生活管理が行き届かず、生活リズムが狂っていたりすると、①②をクリアでき、相談の予約を入れることができても、③ができずに駄目になることも多い。実際私は、数えきれないほど相談をすっぽかされてきた。

これらの条件をクリアできるのは、ごく一部の〈勇者生徒〉なのだ。つまり、校内専門家が校内の相談室のなかで、先生からリファーされたマイノリティ生徒のみを対象にしている以上、あらわれるのは勇者生徒だけであり、その氷山の下に隠れた、困難を抱えるマジョリティ生徒にはリーチできない。

ただし、ヒントも学校のなかにある。学校で保健室が機能している理由を考えてみると解決モデルが見えてくる。保健室というのは、表向きな主訴である「頭が痛い」とか、「気持ちが悪い」をステップとして、スティグマを生じさせずに利用を開始できる。ここがポイントだ。

保健室の先生にやさしくしてもらっているうちに、〈信頼貯金〉が貯まり、「実はお母さんが家に帰って来なくて……」とか、「生理が来ない……」などという裏の主訴を吐き出すことが可能となる。

要するに、〈信頼貯金〉を貯める前段の部分を保健室は用意できているわけだ。

しかし、相談室のなかの専門家たちはこれが用意できない。SCも生徒もぶっつけ本番にならざるをえず、勇者しかそこに挑めない構造になっているのだ。若者支援機関も、これとまったく同じ構造になっているために、前期若者たちから選んでもらえない限界を抱え込んでいる。

長い間、誰も言わずに放置され続けた問題を解決するポイントは、表向きの主訴で利用を開始し、〈信頼貯金〉を貯めることができる、ということであるが、その手法のひとつが校内居場所カフェである。

カフェは、カウンター越しの「もっと○○ちょうだい」「もう駄目」的な他愛もない攻防があり、「じゃあちょっとだけ」などのおめこぼしによる〈信頼貯金〉を貯める日常を、容易に用意することが可能だ。

私もカードゲームの穴埋め要員としてルールもよくわかっていないのに駆り出されたりするが、カフェは常に緊張感のないダラダラとした「序章」なのである(ただしこれを許せない教員は多い)。本編に突入したい人はページを捲ればいいし、序章で満足できちゃう平和な生徒も、当然いていいのだ。

なんとかなっても、選択肢は減っている

学校を辞めていく生徒に「辞めてどうするの?」という月並みの質問をすると、「先輩のやってる足場を手伝う」などと非常に狭いコミュニティのなかで生きていることを感じさせる発言を多く聞く。

「ちなみに親はなんて言ってるの？」と訊くと、「別に中卒でもなんとかなるからいいんじゃないって言ってる、親も中卒だから」ということも多く、低学歴の連鎖を感じずにはいられない（ちなみに私も中卒の母を持つ高卒だ）。

親が中退を受け入れてしまっていると、これ以上説得のしようがなくなってしまうので困るのだが、ただ、この「なんとかなってしまう」ことこそが相対的貧困の闇であり、それを専門家よろしく「なんとかなっていないんだよ」と、責め立てることもおかしいのではないか、と思う自分がいる。

それでも、文化資本が得られなかったことで、生きる選択肢、つまり最終的には職業選択に制限が課せられてしまう状況というのは、公平ではないので放っては置けない。

文化資本は社会関係をつなぐフックの役割を果たすと書いたが、このフックがないと、狭いコミュニティの重力に無意識に抑えつけられ、職業世界を含む他のコミュニティへの移動可能性が奪われてしまう。

つまり異文化に引っかかるフックがないために、「ブランド・ハプスタンス（偶然的必然）」が起きないのだ。抽象的過ぎるかもしれないが、目の前に偶然現れるチャンスをチャンスと認識するためには、教養という文化資本をバックボーンとした感性が必要なのだと思えてしかたない。

何度も言うようだが、〈貧困の連鎖〉を断ち切るためには、生活保護のような経済的な支援だけではなく、どの家の子どもに生まれたとしても、十分な文化資本にアクセスできる環境を保障しなければならない。しかし残念ながら、日本は家庭（個人）と企業に、教育を丸投げしている国なのだ。

よって、家庭に教育資金がなければ低学歴となり、貧困が連鎖する。このあたりは、国のお金を何に使うかという選択の問題であり、井手さんのご専門なので私が言うまでもないことである。

自分自身にレッテルを貼らせてしまう社会

「先輩のやってる足場を手伝う」と言った中退生の話を掘り下げたい。自分もあんな風に生きてみたいと憧れるロールモデルが、彼の場合、鳶職の先輩だけだった。鳶職が悪いと言っているのではなく、むしろ「先輩」が引っかかった。圧倒的な世界の狭さ、ロールモデルの少なさが残念に思えた。

自分をものすごく矮小化して、できることの可能性を低く見積もっている生徒、若者がいかに多いことか。これはそのまま自尊感情の話となるのだが、このようなことが進路選択時に顕在化するのではなく、じつは高校に入学した時点で、「うちらどうせ○△高だから」という言葉として、しばし人生への諦観が、日常的に吐き出されている。まだ一五歳だというのに……。

人に貼られたレッテルは「なにくそ！」と剝がすことが可能だが、自分自身で貼ってしまったレッテルは剝がすことができなくなってしまうのでタチが悪い。私はそれを痛いほど感じてきた。ひきこもりの若者の口癖は、「どうせ」「だって」「でも」で、私はこれを「３Ｄ」と名付けたのだが、こんなにも早く、ひきこもる前から「３Ｄ」が始まっているということに驚く。

彼ら彼女らから希望を奪い、レッテルを貼らせてしまっているのは、私たち大人が作り上げた社会であることを、しっかりと引き受け、反省しなければならない。

予防型アシストとして高校内での活動を始めたわけだが、対処型アシストをしているという実感が日増しに強くなっている。

自分の家の住所すら書けない生徒や、簡単な計算ができない生徒たち（当法人が入る高校には学力を問う入試がない）と付き合っていると、小中学校の九年間、ただ椅子に座っていただけである過去が容易に浮かび上がる。そんな生徒たちを、教育者たちはどうして見逃すことができてしまうのか。率直に言って、怒りを禁じ得ない。

そこに、なんらかの福祉的支援が介入していれば、今、この子はこんなに困らず、自分の将来になんらかの希望を見つけることができたかもしれない。それこそが教育者が果たすべき仕事なのではないだろうか。

高校でもまた、「もっと早く出会っていれば」に、私はぶつかることとなった。ではいったい、どこまで遡ればいいと言うのか？　そんな疑問を投げかけたら、「きっとお腹のなかにいたときからなんだと思う」と言われたことがあり、本当にその通りだと思った。

簡単に人生を詰ませないために

狭い世界のなかでミニマムに人生を完結しようとすることに、私がなぜ危機感を抱くのか？　それは、その狭い世界で上手くいかなくなったときに簡単に人生が詰んでしまうからだ。ひきこもりという問題は、ひとつのボディー（依存先）を失ったことで、すべてを失ってしまうという現実から起きることだと私は考えている。

世界はそんなことでは終わるはずないのに、終わったと感じてしまう、その狭さをなんかとかして押し広げたい。子どもたちの住む世界が、どんどん狭くなっている。この強い危機感を大人たちで共有したい。

私たちがコミュニティーというボディーにパラサイトして生きているのだとしたら、メインとなるボディーにパラサイトしつつ、常に健康なボディーを渡り歩ける可能性を残しておいた方が生存確率は高くなる。一年生になったら友だち一〇〇人できるかな、という歌があるが、私は、高校生になったら大人と一〇〇人会えるかな、ということを目標にするべきだと考えている。

高校在学中に一〇〇人の大人と出会えたら、何が起こるのだろうか?

まず、その一〇〇人が真剣に自分と向き合う時間を持ってくれたら、「真剣に話をしてもらえる価値のある自分」を感じ、それだけで自尊感情が育まれるだろう。そして、これまで「~でなければならない」や「~してもしょうがない」などと思っていた自分の価値観の外側で、実はものすごく面白いことが起きていることを知り、自分が井の中の蛙であることに初めて気が付くだろう。

報われる努力があることを知り、報われることのなかった努力が無駄にはならないことも知るだろう。好奇心の従順な奴隷となり、偶然に身を委ねる生き方があってもいいことを知り、嫌なヤツ以上に良いヤツがいることを知るだろう。動機なんて不純であればあるだけいいんだというヤバいことを言う大人の存在や、テキトーに始めた仕事が一生の仕事になることだってあることを知るだろう。天職は探すものではなく呼ばれるものだったり、与えられた仕事を好きになったりする、後付けの天職があることを知るだろう。

きりがないのでこの辺でやめておくが、こういうことは普通、親や先生は教えにくいものだ。

少しご自分のことを考えてみていただきたい。

今のあなたの人生に大きな影響を及ぼした人は、きっと、一風変わった「そんなのあり？」という価値観を持った、ちょっと「変な大人」だったのではないだろうか？　エビデンスを問われると苦しいのだが、多くの読者はうんうんと頷いてくれているのではないかと思う。

忌野清志郎のように、学校のなかで僕の好きな「変なおじさん」に出会えた生徒は幸せだ。

変なおじさんになりたい

私が長く支援してきたひきこもりの若者たちの多くは、親と先生以外の大人を知らない。そんな若者が「どうせ大人なんて」と言うことに、この仕事に就いた当初、強い憤りを覚えた。それは、私の知っている面白い大人、カッコいい大人、変な大人たち、そして自分自身を否定された怒りだった。

「どうせ大人なんて」と言った若者に、まだ若かった私は、「おまえの知ってる大人を全部言ってみろよ」と言ったことがある。私はあの頃から、この人たちが、たくさんの大人に会い、猥雑な価値観に触れることこそがケアであり、アシストだと思うようになり、自分はその代表になろうと思った。

そんななか、本稿で書いてきたような高校の生徒たちの多くは、経済的理由による学力的理由で、進学せずに就職することになる。これがどういうことかといえば、彼ら彼女らにとっては、大学を卒業し、クビになることがない教員という職業選択をできた大人たちは、ロールモデルにはならないということだ。

考えてみれば、学校にいる大人というのは、大雑把に言ってしまうと、学校という場を割と上手くやりこなしてきた人たちであり、大学を出て教員免許を取り、試験に合格した、やりたいことを職業にできた人たちでもある。それは、モノトーンの大人集団であるとも言えることだ。

もちろん、一人ひとりの人生には物語がある。ひとくくりで言ってしまっては見誤ることも多い。だが、就職組の生徒をはじめ、私が出会う生徒からすれば、一七歳にして、そのような人生を描くことはもはやできないのである。

そんな生徒たちに、もっとカラフルで多様な大人たちに、学校のなかで出会える校内居場所カフェを全国に広げることが、私にとって壁をぶっ壊すことだ。

私が出会ってきたひきこもりの若者も、高校生たちも、文化的フックをジャラジャラとぶら下げた、未知の世界へ誘う「ドア」の役割を果たしてくれる〈変な大人〉と出会う機会が極端に少ない。だけど、コロナ前の実績だが、パノラマが運営する校内居場所カフェには、年間二五〇名近くのボランティアさんが参加して下さっている。平日の昼間に集まれる大人というだけで、ちょっと変わっていることが想像つくはずだ(笑)。私は密かに、高校生になったら大人と一〇〇人会えるかなを、カフェで実践している、そんな「変なおじさん」になりたいと思っている。

第3章

この社会の片隅に
——弁護士の仕事から見えてきたこと

櫻井みぎわ ◎ 弁護士

帰る場所のない人たち

紛争（もめごと）や困りごとの解決の手伝いをするのが弁護士の仕事である。依頼を受けるのは、離婚であったり、債務の整理であったり、交通事故の損害賠償請求であったり、刑事事件の弁護であったりさまざま。裁判をすることもあれば、調停になることもあり、相手と交渉して話し合いで事件の解決を図ることもある。

「ケア」という本書のテーマと弁護士の仕事とは、あまり関わりがないように見える。だが、ケアを「気にかける」という意味に捉えれば、刑事事件、少年事件、虐待事件、ＤＶ事件、貧困・生活保護関係事件、精神障がい者をめぐる事件などは、ケアなくして語ることはできないと思う。

これらの仕事をしていると社会の片隅の小さな声を聞くことがある。またそのなかで見えてきたこと、感じていることもある。以下、これらについてお話ししたい。

刑事事件の被疑者・被告人というと、一般の人は、「怖い人」というイメージを持つかもしれない。しかしながら、実際に接して感じるのは、不遇な人が多いなあということである。浜井浩一さんという刑事政策や犯罪学がご専門の龍谷大学教授がいる。浜井さんは、二〇年間も法務省に勤務され、その間、刑務所、少年院、少年鑑別所、保護観察所などで仕事をされた日本の行刑のありかたに非常に詳しい専門家である。

以下では、浜井さんの指摘をもとに論を進めていくが、まずは印象的な一節から紹介したい。

受刑者と接していて感じたのは、彼らの多くは、単に心身に問題を抱えているだけでなく、家族がいなかったり、貧困であったりと不遇な環境に育ち、人から愛された経験に乏しく、それ故に被害感が強く、すぐふてくされるなどコミュニケーション能力に乏しいということである。当然、示談や被害弁償もままならず、不適切な言動を繰り返し、検察官や裁判官の心証を悪くしがちである。そして、まったく反省していないとみなされ、住所不定、無職で再犯の可能性も高いとして起訴され、実刑判決を受けやすい(浜井浩一編『犯罪をどう防ぐか』岩波書店)

ここに書かれていることは、多くの弁護士の実感とも一致している。それは、二〇一六年の日本弁護士連合会(日弁連)の人権大会宣言において、「一方で、生まれながらの犯罪者はおらず、犯罪者となってしまった人の多くは、家庭、経済、教育、地域等における様々な環境や差別が一因となって犯罪に至っている」と指摘されていることからもうかがえる。

浜井さんは、さらにこうも指摘する。日本の刑務所では、すべての新受刑者にＩＱ相当値を測定できる能力テストを実施しているが、一九八〇年以降、概ね二〇～三〇％の方たちが、知的障がいの基準とされるレベルにあるという。しかも、そのほとんどの人たちが療育手帳を所持していない。つまり、障がい者としての支援を受けることなく、たぶんそれを認識することすらなしに、人生を送ってきたわけだ。おまけに、出所した受刑者の四人に一人が帰る場所がなく、満期出所者の場合、五六％の人が帰る場所がないという。つまり、家族からの支援もないのである。

このような事情について、浜井さんは、「バブル経済が崩壊し、厳罰化が顕著になり始めた一九九〇年代の半ばぐらいから過剰収容が解消し始める二〇〇六年ぐらいまでの期間、実刑前に無職者だった新受刑者の数が急増。加えて、新受刑者に占める単身者の割合や人数も就労状況と同様の動きを示している。つまり、厳罰化は、失業者、家族のいない単身者、帰る場所のない者を刑務所へと送り込んだのである」という非常にきびしい分析をされている。

うまく機能しない国の施策

ところで、日本の刑法犯の認知件数を見ると、二〇〇二年頃をピークに減少の一途をたどっている。検挙人数も同じである。日本の犯罪はとても減っているのである。ところが、再犯者率を見ると、一九九七年以降上昇しており、二〇一八年は四八・八％に達している。出所受刑者の再入所者率も上昇しており、二〇一八年は、五九・七％である。

これらの数字が示しているのは、刑務所での更生教育がうまく行っていない、という現実である。

国は、この間、ようやく重い腰を上げて、二〇一六年一二月に「再犯の防止等の推進に関する法律」を作り、これを受けて再犯防止策と福祉との連携が進められるようになった。

しかし、これらの施策がうまく機能しているとはいいがたい。その原因として、浜井さんはふたつの問題を指摘する。

ひとつは懲役という刑罰のあり方である。懲役という刑罰が、相当期間長期にわたって、社会から遮断された閉鎖的な環境に受刑者を隔離、管理し、ルーティーン化された作業と日常を送らせる場になってしまっている。そういう環境が、人にとって大切なコミュニケーション能力や社会適応能力を奪ってしまい、そのことが更生の妨げになっているというのである。

この指摘は、非常にうなずけるところだ。弁護士会には、人権救済申立制度があるが、受刑者からは数多くの人権救済申立てがなされている。

それらを見ていると、刑務所が、必要以上に受刑者の自由を制限し、それが人間らしさを奪うものとなっていることを痛感する。例えば、受刑者が外部の人と信書のやりとりをしようとしても、通数の制限をされる。あるいは、刑務作業の場所に移動する場合も、職員のかける号令に合わせ、「足先が自然に下に向くように、左足から足を挙げ、手の振りは両手の指先、肘を伸ばし、自然に振る」ように指導される。

本来は、「受刑者の処遇は、その者の資質及び環境に応じ、その自覚に訴え、改善更生の意欲の喚起及び社会生活に適応する能力の育成を図ることを旨として行うものとする」（刑事収容施設法）とされているが、この規定は建前だけになっている。諸外国では、受刑者に刑務作業を強いることすらしない国も多いと聞く。「刑務所をみればその国の人権レベルがわかる」と言われるが、あまりにも耳の痛い指摘だと言わざるを得ない。

もう一つの原因として浜井さんが指摘するのは、地域社会の偏見だ。刑期を終えて出所しても、勤める先がない、仕事がないから食べるのにも困るし、家も借りられない、そういう状況があるわけだが、これをどうにかしなければ再犯防止は難しい。

刑務所の側でも、出所した人を雇ってくれる協力会社を開拓しようとしているが、協力先は圧倒的に不足している。弁護士会で刑務所との懇談会を実施すると、出所した人を雇ってくれる会社を紹介してもらえませんか、などと言われることがあるが、私を含め、なかなかそういう会社を紹介できていないのが現状である。

現状とズレた少年事件の認識

次に、少年事件を見てみたい。少年事件の背景にも、貧困や虐待、いじめや社会的な孤立などがあることは、多くの弁護士が痛感しているところである。ときに、子どもの非行は社会の問題を映す鏡だ、と言われるゆえんである。

子どもは生まれてくるところを選べない、とても無力な存在だ。

ある窃盗非行事件の少年は、父親の財布からお金をくすねるからと言って家から閉め出され、何日も公園で寝泊まりして、中耳炎をこじらせていた。ぐ犯、つまり、罪を犯すおそれがあるとされた女の子は、家に居場所がなく、ネットなどで知り合った男性宅を転々としている間にわいせつな写真などを撮られていた。同じような状況で覚せい剤を打たれていた女の子もいる。ひとり親が外国人で、言葉の問題や差別があって、社会のなかで孤立し、子どもも荒れて非行を繰り返しているという例もあった。

ところで、刑法犯の認知件数と同じく、少年事件についても、その数はやはり平成に入って以降、ほぼ毎年減少し続けている。また、凶悪事件も大幅に減っている。少年事件の大半は、万引き、放置された原付バイクや自転車の占有離脱物横領などだ。

現在の日本の未成年者は、世界でもまれにみる罪を犯さない若者だと言われている。にもかかわらず、数少ない少年事件がセンセーショナルに報道され、人々の記憶に強く印象づけられているせいか、少年事件に対する社会の認識はそれとはまるで異なっている。

ある世論調査では、「少年による重大な事件は五年前と比べて増えていると思うか」という問いに対して、「かなり増えている」という人が四二・三%、「ある程度増えている」という人が三六・三%と答えており、両者合わせて七八・六%に達している。「変わらない」が一六・八%、「ある程度減っている」が二・三%、「かなり減っている」にいたっては、わずか〇・三%だ(二〇一五年内閣府世論調査)。

こういう世論調査や被害者遺族の強い声もあって、数次にわたる少年法改正がなされ、いわゆる厳罰化が進められつつある。最近でいえば、昨年まで、三年半にわたり法制審議会で少年法適用年齢の引き下げが議論されてきた。現在は、二〇歳未満の少年は少年法の適用があり、全件が家庭裁判所に送致され、そのほとんどが家庭裁判所で審判を受けるが、その適用を、二〇歳未満ではなく一八歳未満にしようという議論が行われたのだ。

これは、民法の成人年齢の引き下げや公職選挙法の改正とも足並みをそろえるべきだという考えかたに立っている。だが一方で、専門家のほぼ一致した意見として、家庭裁判所による少年審判手続きというのは、少年の更生あるいは教育という観点から見て、非常にうまく機能していると言われている。

少年は、家庭裁判所に送られてから、調査官という、教育学や社会学の専門教育を受けた人たちから、非行の背景や原因などを詳しく調査してもらい、再非行の防止に向けた調整が行われている。また、判決にあたる審判で、非行が進んでいるとみなされ、社会には戻せないという結論になっても、刑務所ではなく少年院に送られて、刑務所とは異なる教育的な更生指導がなされている。

私が担当した少年のなかにも、調査官の調査を受けて初めて、知的な障がいが分かったり、あるいは、発達における特性や課題が見つかったりし、そこから専門的な支援に繋げることができた例がいくつもあるし、また少年院での教育がその後の更生に結び付いている例もある。

その後、先に述べた法制審議会の答申を受けて今年（二〇二一年）五月に成立した改正少年法では、二〇歳未満の少年について、全件を家庭裁判所に送致するという枠組みそのものは維持された。しかし、成人と同様の刑事手続きにかける「検察官送致」(逆送)の対象犯罪を大きく広げ、起訴されれば実名報道も可能となるなど、少年の更生の観点から見て大きな問題を含む内容となっている。

一生の傷を心に刻む児童虐待

児童虐待も深刻である。

児童虐待は、暴力や暴言、性的虐待、精神的虐待、育児の放棄、無関心などさまざまである。どれも看過できないことには変わりないが、なかでも、魂の殺人ともいわれる「性的虐待」は、筆舌に尽くしがたい悲惨な被害をもたらすが、おそらくその数は一般の人が想像するよりずっと多い。実の父親や義父などから数年あるいは一〇年以上にわたって性的虐待を受け、その後も長年きびしい後遺症に苦しんでいる人たちが大勢いる。

虐待事件は、少年事件や離婚事件からも見えてくることがあるが、子どもに無関心な親や無力な親を見かけることも多い。

無関心な親は、不在がちで、子どもの交友関係にも関心を持たず、子どもが家庭に居場所がなく、夜出歩いているのに、気にも留めなかったりする。

無力な親とは、私が勝手にそう呼んでいるのだが、例えば、一方の親が子どもに暴力を振るっているのにそれを止めることをしない。毅然と子どもを守ることをせず、「あなたにも悪いところがあったよね」などと言ったりする。あるいは、きょうだい間で虐待が行われているのに気付かない、気付こうとしない、そして、漫然と放置して適切な対処をしない。

虐待を受けてきた子どもは、生きづらさを抱え、苦しんで、自分自身を傷つけたりすることも多い。また、怒りが外に向かうこともある。そしてこれらの虐待の影響は、虐待が止んでからも、成人してからも長く続くことが多い。ごく幼い頃に虐待され、その後、施設生活を経て、社会人となって何年も経つのに、いまだに、夜眠れない、パニック発作が起きる、自傷行為をしてしまう、人と上手くかかわれない等の症状に苦しんでいる人が大勢いる。こうした現実への社会の理解は、まだまだ進んでいない。

私が虐待事件を担当する一つのきっかけとなったのが、子どもセンターてんぽだった。

子どもセンターてんぽは、二〇〇七年、神奈川県内で児童虐待などで居場所がない一〇代後半の子どもたちのためのシェルターを開設した。シェルターでは、虐待にあったりして、帰る場所がない子どもに、一時的に住む場所、食事、着るものなどを提供し、次の居場所を探す手伝いをする。もちろん二四時間体制でスタッフが常駐するが、スタッフとは別に、ひとりの子どもに二名の担当弁護士が付く。

居場所がない子どもは、さまざまな法的問題を抱えていることが多く、例えば、万引きなどの事件を起こしていることもあるし、親子関係を調整する必要があったり、いじめ等のトラブルを抱えたりする場合もある。弁護士は、本人やスタッフらとカンファレンスを開きながら、それらの問題の解決に向けて相談にのったり、次の行き先を探したりする。

虐待されたり、親が育てられないなどの事情があって、児童養護施設で暮らしている子どもたちもたくさんいる。二〇一八年二月の厚生労働省(厚労省)の調査によると、現在、約六〇〇の児童養護施設に約二万七〇〇〇人の子どもたちが暮らしている。児童福祉法では、これらの子どもに児童相談所が関われるのは一八歳未満とされているので、一八歳になると多くの子どもたちはさしたる支援もないまま社会に出て行かざるを得なくなる。どれほど心細いことか、想像にかたくない。せめて二〇歳まで国が責任を持って面倒をみてほしいと思うし、その後も継続的な支援体制が必要だ。

社会的養護を必要とする子どもは、施設から家庭(里親)へというのが世界の潮流である。多くの子どもたちが施設で暮らしているという現状を変えるべく、二〇一六年には児童福祉法が改正され、厚労省では、「新しい社会的養育ビジョン」を打ち出した。同ビジョンでは、原則就学前の施設入所停止や、七年以内の里親委託率七五%以上をめざすといった、数値目標を定めている。しかし、今のままではなかなか実現は難しそうである。

肝心の児童相談所も、圧倒的に人が足りない。一人の職員が、難しい事情を抱えた子どもを何十人も担当しているという話を聞く。虐待通報も過去最多を更新している現状からすれば、もっとたくさんの予算をつけて、多くの専門家を余裕をもって配置してほしいと心から思う。

DV、そしてその先にある貧困

DV事件の相談も多く受けてきたが、家庭という密室のなかで、信じがたいことが、しかも、頻繁に起きている。

殴る、蹴る、髪をつかんで相手を振り回す、首を絞める、刃物を突き付ける、刃物を畳に突き刺す、殴るぞと脅す、正座させて何時間も説教する、人格を貶める、いやがる性行為を強要する、交友関係を制限する、四六時中メールを寄越しそれにすぐ返事をさせる、お金を渡さない……これらはみな、私が実際に相談を受けてきたDVの内容である。夫が暴れ始めたら、子どもと逃げてホテルに泊まります、という話もしばしば聞くが、その子どもというのが三〇歳を過ぎていたこともあった。

DV被害者の相談に乗ったり、支援をしたりする婦人相談員などの仕事は、ほんとうに大変な仕事である。DV被害を受けてきた人というのは、多かれ少なかれマインドコントロールの下にあるし、無力感からなかなかそこから逃れようという気持ちにならない人も多い。婦人相談員らは、そういう人たちから繰り返し根気づよく話を聞いて、自分の力でそこから抜け出せるようにエンパワーしたり、シェルターや母子支援施設への避難に付き添ったり、生活保護へと繋いだりする。

これらは、想像を絶する時間とエネルギーを必要とする仕事である。コロナ禍で、DV相談も急増しており、仕事の重要性はますます高まっているが、そのほとんどが低待遇の非正規雇用の女性に支えられているという大きな問題がある。ちなみに、DV相談や支援だけでなく、その他多くの公的サービスが、いま、非正規雇用の人たちによって支えられている。この点は後述する。

DVから逃れてようやく離婚が成立しても、その後に待っているのは、貧困であることが多い。離婚母子家庭の六割は、父親から養育費を一度も受け取ったことがない。途中で支払われなくなる世帯もあるから、現実に受け取っているのは二割程度と言われている。養育費を確実に支払わせる仕組みづくりもまた、重要な課題である。

ひとり親世帯の相対的貧困率は五〇%を超えるが、母子家庭のシングルマザーは、八割が就業している。働いても多くが貧困なわけだ。ダブルワーク、トリプルワークしている親にもよく出会う。ひとり親で、ダブルワーク、トリプルワークとなると、夜、子どもだけでうちにいることも多い。当然、子どもに目が行き届かない、子どもの発するSOSに気づかない、親自身が長時間労働で疲労困憊してしまう、などマイナスが非常に大きいのだが、そこまで頑張らざるを得ないほど、生活に困窮しているのである。

先ほどひとり親世帯の相対的貧困率は五〇%超と言ったが、同じひとり親世帯でも、父子家庭の相対的貧困率は二二・四%であるのに対して、母子家庭のそれは、五一・四%と、かなりの開きがある。

つまり、母子家庭の貧困の原因には、男女の賃金格差など、社会における女性に対する構造的差別の問題がある。ひとり親家庭の多くが母子家庭だから、子どもの貧困の問題は、女性差別、ジェンダーギャップの問題でもあり、そこにメスを入れなければ抜本的な解決は難しいということになる。さらにいうならば、そもそもの話、日本では、所得再分配が十分に機能していないという根本的な問題もある。

生存権さえ守られない社会

弁護士をしていて、貧困が見えてくる場面はいろいろある。例えば債務整理事件、労働事件、刑事事件、少年事件、虐待事件、ＤＶ事件などがそうだ。

二〇〇〇年を過ぎた頃から、明らかに私の肌感覚でも、社会で貧困が進んでいっているという実感がある。雇用が不安定になり、非正規雇用、派遣などが目に見えて増えていった。何事もなければ、毎月なんとか暮らせるけれども、ちょっと病気をしたりして働けないとたちまち仕事を失ってしまう。もともと低賃金だから、貯金がほとんどなく、あっというまに食べる物にも困るような状況に陥ってしまう。老若男女問わず、そういう人たちと法律相談などでお目にかかるようになった。

二〇〇六年ころになると、ワーキングプアやネットカフェ難民についての報道番組も作られたり、関連書籍なども多く出されたりするようになり、自分の感覚が社会の情勢と合致しているという実感が強まっていった。そして、二〇〇七年に、首都圏生活保護支援法律家ネットワークという団体が結成され、その仲間に加えていただいたことから、生活保護の相談にのったり、生活保護申請へ同行したりするようになった。

首都圏生活保護支援法律家ネットワークでは、スタッフが、生活保護についての法律相談を電話で受け付けて、必要な場合に、各地の弁護士・司法書士に配点(割り当て)する。配点を受けたら、まず、相談者と電話で話し、必要であれば、面談して必要なアドバイスをしたり、生活保護申請に同行したりする。今回のコロナ禍でも多くの相談が寄せられ、生活保護申請への同行などの援助を行ってきた。

近頃は、二〇〇七年頃に比べ、生活保護申請にあたって、役所が露骨に違法とみられる対応を取ることは減ってきているが、まだまだ散見されるのが実情だ。最近も、横浜市が、生活保護の申請で窓口を訪れた女性に、簡易宿泊所に住民票を移すことが受給の条件であるかのような誤った説明をして、申請を受け付けなかったと報道されたが、よくある話で私はまったく驚かなかった。

本人が、生活保護の受給を希望し、役所の窓口に行っているのに、別なところに相談に行くように言われ、申請させてもらえずに帰されてしまうということもしばしばある。その後、本人から相談があり、私が直接、役所の窓口に電話をかけて、これこれこういう人がそちらに相談に行ったと思うけれど、その人は申請をしたいと言っているので、ちゃんと申請させてください、と伝えると、わかりました、となって、もう一度本人が窓口に行き、ようやく申請させてもらえる、といった具合である。窓口で利用者を抑制する「水際作戦」は、相変わらず健在なのである。

生活保護を利用する資格のある人が利用していないという問題もある。二〇一〇年の報道だが、厚労省の国民生活基礎調査による推計で、生活保護水準以下の低所得世帯のうち生活保護を受けていない世帯が六八％、二二九万世帯いるというデータを公表している（朝日新聞デジタル二〇一〇年四月一三日）。

生活保護を利用しない理由の一つとして扶養義務者への照会があることが、このコロナ禍で明らかになった。厚労省は、長期間の音信不通など明らかに交流が断絶している場合や、扶養が期待できない場合は「照会不要」とする通知を出したが、本当に困っている人たちにとって、けっして使いやすい制度になっていないのが現状だ。

さらにいえば、一度窓口に相談に行ったけれど、あるいは一度利用したことがあるけれど、役所の人があまりに不親切で嫌な思いをしたので二度と相談に行きたくない、あるいは二度と利用したくない、という人にもしばしばお会いする。

生活保護費の低さも問題だ。ギリギリの支給額なので、孫に入学祝いもあげられない、お香典も包めない、そのため親戚づきあいすらままならないという悩みはよく聞く話である。

国は二〇一三年から一五年に生活保護基準額の引き下げを実施した。これが生存権を定めた憲法二五条などに反するとして、各地で減額決定の取消訴訟が起こされたが、二〇二〇年六月には、名古屋地方裁判所で、厚労相の裁量を広く認め、請求を棄却する判決が出た。

同判決では、生活保護費の額の決定に国民感情を反映することすら認めてしまった。生活保護基準額は本来、生存権保障の観点から、専門的知見を踏まえ決定されなければならず、国民感情などに左右されるものであってはならないはずであるにもかかわらず、である。その後、二〇二一年二月には大阪地方裁判所で、厚労相の減額決定は、裁量の逸脱または乱用にあたり違法であるとの判決が下された。これに続く各地の裁判所の判断が注目される。

私の事務所の近くには、全国でも有数のドヤ（簡易宿泊所）街である寿町があり、そこで暮らす生活保護利用者の方から、もろもろの相談を受けることがある。その方たちに共通して感じるのは、社会との繋がりが細く、孤立していることである。家族と縁が切れてしまっている、仕事も一生懸命探したけれど日雇いの仕事しか見つからず、継続的に雇用される機会に恵まれずにいる、家を借りるのが難しいので簡易宿泊所に長く暮らしている……そんな人たちが多い。

また、健康を害している人が多いなというのも強く感じるところだ。憲法では、「健康で文化的な最低限度の生活を営む権利」の保障が謳われているが、命に関わる「健康」ですら、誰にでも等しく保障されているわけではないのである。

子どもの貧困に鈍感な日本人

子どもの貧困、若者の貧困も非常に深刻で、二〇二〇年に公表された子どもの相対的貧困率も七人に一人というあいかわらず高い水準にある。子どもの貧困が「発見」されてから一二年と言われているが、さほど改善していない。四〇人のクラスで、五人から六人も貧困の子どもがいるというのは本当に大問題で、それを放置してよいわけがない。

特にシングルマザーの子どもの相対的貧困率は五一・四%にも上っていることは先に指摘したとおりで、二人に一人以上が相対的な貧困なわけだ。貧困というのは見えにくいものである。いじめなどの対象にもなりやすいので、多くの人が表面的に取り繕っており、なかなか気が付かれないまま、家庭内で深刻な状態が続いているということはよくあることだ。小さなサインを拾い上げる仕組みづくりが必要だといえる。

また、シングルマザーの方と話していると、塾に行かせてあげたいけれどお金がないというような経済的な訴えはもちろん多いが、それ以外にも、子どもが急病になったけれど見てくれる人がいない、狭いアパートでずっと小さな子どもと二人きりで息が詰まりそうになる、少しの時間だけ子どもを預けたいけれども預かってくれる人がいない、子どもの発達の問題を指摘されたが、仕事を休んでカウンセリングに連れて行く時間がない、などの悩みを訴える人も多い。湯浅誠さんがおっしゃっていた「溜め」がない状態だ。

また、子どもの貧困の第一人者で東京都立大学教授の阿部彩さんは、ある本で、日本人の貧困観というのが非常に貧相であると指摘されていた（大阪弁護士会編『貧困の実態とこれからの日本社会』明石書店）。

阿部さんは、「現代の日本の社会において、すべての子どもに与えられるべきものは何ですか」という問いの調査をされたそうだ。例えば、「朝ごはん」とか「医者に行く（検診も含む）」というのは比較的支持が高く、「朝ごはん」は九一％の人が「希望するすべての子どもに絶対に与えられるべき」と答え、「医者にいく」は八六％だそうだ。

ところが、「周囲のほとんどの子どもが持つスポーツ用品（サッカーボール、グローブなど）やおもちゃ（人形、ブロック、パズルなど）」になると、「希望するすべての子どもに絶対に与えられるべき」と答えたのはたった一二・四％だという。ちなみに同じような調査はイギリスでもなされていて、イギリスの人たちは、八四％の人たちがすべてのイギリスの子どもたちに与えられるべきだと答えている、という。

日本ではいろいろなことを「自己責任」だと考える風潮があり、コロナ感染についても自己責任と考える人が外国と比べて著しく高いという興味深い報道がなされていたが、貧困に関しても同じような傾向が見られるのは大変残念なことである。

若者の貧困といえば、奨学金問題も深刻である。いまや大学生の約二人に一人は奨学金制度を利用しているが、日本学生支援機構によると、平均貸与総額が、学部生で一九五万五〇〇〇円、大学院生で三七八万七〇〇〇円だという(平成二六年度事業報告書)。二〇〇万、三〇〇万、四〇〇万という借金を背負った状態で社会に出なければならない学生というのがどれほど大変か、容易に想像がつく。厳しい取り立てが本人のみならず保証人にもなされており、奨学金とは名ばかりで、もはや貧困ビジネスであると言っても過言ではないという指摘すらなされている。

自由を奪われ尽くす障がい者

弁護士は、精神障がいのある方から相談や事件の依頼を受けることもある。報道もされているが、現在多くの精神障がい者が、入院先の精神科病院において、身体拘束されているという重大な問題がある。

身体拘束は、患者の身体や手足を専用のベルトなどを使ってベッドに固定するもので、精神保健福祉法では、「自殺や自傷の恐れが切迫している」などの条件を満たした場合、精神保健指定医の指示でごく「例外的」に認められるはずなのだが、厚労省の調査によれば、二〇一九年六月三〇日時点で、身体拘束件数は一万八七五人にも及んでいる。

この数字は五〇〇〇人超だった二〇〇〇年代半ばと比べて倍増しており、高止まりしている状態だ。また、諸外国と比べても極めて高く、国際共同研究で、日本では一日あたり人口一〇〇万人あたりで九八・八人であるのに対し、オーストラリアでは〇・一七人、アメリカは〇・三七人で、ニュージーランドに至っては〇・〇三人だそうだ（二〇二一年一月二三日東洋経済オンライン、調査報道部長・風間直樹氏による）。

身体拘束は、患者の健康にも重大な影響をおよぼす行為でもあり、患者が肺血栓塞栓症（エコノミー症候群）に罹患して亡くなるという事件が何件も起きている。神奈川県弁護士会へも、ある精神科病院の入院患者の方から不当な身体拘束を受けているとして人権救済の申立てがなされ、調査をしたことがあるが、その結果、病院が漫然と身体拘束を継続したと判断し、人権侵害にあたるとして、病院に対し「警告」をしたことがあった。

日本では、精神障がい者の入院患者数が、外国と比べても非常に多く、多数の精神障がい者が、地域ではなく、病院で生活している。そして、その病院のなかでもさらに、このような身体拘束あるいは隔離が頻繁に行われていて、身体を動かす自由すら奪われている人たちがいる。これは本当に深刻な人権問題である。神奈川県では、津久井やまゆり園の事件の後、「共に生きる」という「かながわ憲章」を掲げたが、その理念にも著しく悖るものであると言わざるを得ない。

上記の記事で、風間直樹さんが指摘していることだが、二〇一七年七月二一日、当時の厚労相が、記者会見で、「身体的拘束の件数がなぜ増えているのか、このことはしっかりと分析をしなければならないということで、厚生労働省において実態調査を行っております。この結果を踏まえて、必要な検討を行ってまいりたいと考えています。そういった実態がなぜ、日本だけで増えているのかというご指摘もあるので、しっかりと調べて対処していきたいと思います」と述べていたのに、それから三年半経った二〇二一年一月の段階でもまだ実態調査の結果が公表されていなかった。その後同年二月にようやく結果は公表されたが、深刻な状況が明らかになったにもかかわらず、厚労省の担当者は（身体的拘束は）「必要最小限の範囲で行われているものと考えている」とコメントしたとのことである。闇は深い。

公共サービスが崩壊する

これまで話したさまざまな分野の問題に関して、共通して感じるのは、困っている人たちが社会的に孤立しており、十分な手が差し伸べられていないということだ。公的なサービスや支援が圧倒的に不足していると感じる。子ども食堂も大切だけれども、もはやそういうボランティアや人の善意に頼っている場合ではない、という発言を阿部彩さんがなさっていたが、本当にそのとおりだと思う。

さらには公的なサービスが不安定な非正規の労働者によって担われているという問題がある。

ＤＶのところで書いたが、私自身、非正規の女性の相談員が、ＤＶ被害者の相談や支援など非常に困難な仕事を懸命に担当している姿を目の当たりにしてきた。このようなことはＤＶのみならず、他の公的な相談や支援事業などいたるところで起きている。

公益財団法人地方自治総合研究所研究員の上林陽治さんの指摘は興味深い。

地方自治体の役割は「住民の福祉の増進を図ること」(地方自治法一条の二)にあり、その役割を果たすため、地方自治体は公務員を雇い公共サービスを提供することになっている。ところが、その担い手である地方公務員の三人に一人は、働き続けても、独立して生活を設計することができない賃金や報酬しか支払われず、常に雇い止めの危機にさらされている有期雇用の非正規公務員なのだそうだ。

しかも、人数は、総務省調査で、約一一二万人超(二〇二〇年四月一日現在)であり、その四分の三は女性である。つまり地方自治体に勤務するすべての職員の少なくとも四人に一人は、官製ワーキングプアの女性非正規公務員だということになる。

それだけではない。「公立保育園保育士の半数以上、学童保育支援員の七割以上、激増するDVから避難してくる女性を支援する女性相談員の八割以上、コロナ不況で解雇された生活困窮者を支援する専任の生活保護面談相談員の約六割、人口一〇万人未満の市区自治体でこれまた激増する児童虐待通報等に対応する業務経験一〇年以上の職員の九割は、非正規公務員なのである」(上林陽治『非正規公務員のリアル』日本評論社)。

これは恐ろしいことではないだろうか。自治体の窓口の相談業務は、コロナ禍でも明らかになったように、本当に困っている人たちのために欠くことができないエッセンシャルワークである。仕事がなくなって、次の仕事を探したい、収入がなく生活に困っている、DVを受けている、などの切実な相談への対応は、緊急性も専門性も高く、誰でも対応できるものではない。このような、私たちの身近な自治体の基幹となる相談や支援の仕事が正当に評価されなければ、私たちの生活を支える公共サービスじたいが崩壊しかねない。

もう時間はない

お茶の水女子大名誉教授の戒能民江さんは、非正規労働者であることの困難性を、六つにまとめて紹介されている。それは、①待遇が悪く、専門的な業務にかかわらず低賃金であること、②雇い止めがあり、雇用が不安定、③業務量が多く残業も多いが、残業代や交通費が支給されない、④研修やスーパービジョン（ケースについての助言や指導）が不十分あるいは無く、専門性が保証されていない、⑤組織内での正規職員との関係性（見下される、理解されていない、相談なんて簡単なことで聞いていればいいという認識、何をやっているか知らない）が良いとはいえず、組織的なバックアップがない、これでは自治体内組織内の連携は無理、⑥自治体組織のなかで理解が不十分であり、周縁化されている、これらの六点だ（竹信三恵子・戒能民江・瀬山紀子編『官製ワーキングプアの女性たち』岩波ブックレット）。

もちろん、非正規公務員の問題は女性だけの問題ではないが、その多くが女性であることもまた、厳然たる事実である。戒能さんは、低待遇の理由に、性別による役割分担意識（ジェンダー）を指摘し、「家事や子育てには感謝はあっても賃金はない。対人支援の仕事は女性の『お世話』の延長で考えられ、労働として正当に評価されてこなかった」と正鵠を射た指摘をされている（朝日新聞二〇二一年一月六日)。

先の上林さんは、二〇二〇年四月からスタートした「会計年度任用職員制度」についても、この女性非正規公務員を不安定雇用の官製ワーキングプアのまま固定し、その結果、制度導入前から指摘されていたさまざまな格差も、是正されることなく温存されることとなった、と述べている。

新自由主義の下、小さな政府がよしとされて来たが、限界が来ていると言わざるを得ない。国や自治体がしっかり予算を取って、困っている人たちを支援する、あるいはサービスや支援の仕組みを整える、また、困っている人たちを支える活動を行っている民間団体などを全面的に支援する仕組みを作る、こうした対応を早急かつ大規模に行ってもらいたい。

もうひとつ指摘したいのは、私自身が困っている人の相談や支援にかかわって感じていることだが、困っている人たちの支援では、複数の人間で関わるということが大切だ、ということだ。

一時期、若者サポートなどを行っている「インクルージョンネットよこはま(現インクルージョンネットかながわ)」で法律相談に関わったが、何人かで相談や支援に携われることがどれほど心強かったかしれない。困っている人たちは複数の深刻な問題を抱えていることも多く、それらがからまりあって容易に解決できないことも多いので、一人で対応していると気持ちが滅入ってしまいがちだ。けれども、何人かで関わっていると、相談しているうちにいい知恵が浮かんだり、負担を分かち合うことができたりする。官民協力し合いながらそういう支援の枠組みを作っていくということもとても大切だと思う。

コロナによって、社会の矛盾や不正義がさらに露わになっている。株価が値上がりし、一部の富裕層が資産を増やしている一方で、フードバンクから食べ物の支援を受ける人たちが列をなしている。

朝日新聞デジタルが実施したアンケートを分析した沖縄大学教授の山野良一さんによれば、コロナによって、もともと所得の低かった人ほど、収入減少の幅が大きいそうだ。子育て中の年収四〇〇万円以下の世帯では、減収した人が七割で、年収二〇〇万円未満の世帯に限ると、三割の世帯で収入が五割以上減っている。一方、年収六〇〇万円以上の世帯では、約六割が「変わらない・増えた」と回答しているそうだ(朝日新聞二〇二〇年七月五日)。

このような状況をどのようにして打破していけばよいのか。傍観するのではなく、皆で本気で考えていかなければならない局面に至っている。もう時間はない。

第４章 福祉行政における職員体制の機能とあり方
――ソーシャルワークを実践するために

武井瑞枝 ◎ 東京都多摩児童相談所児童福祉司

はじめに

私は福祉行政に携わって一〇年以上になる。福祉事務所の生活保護ケースワーカー、児童相談所の児童福祉司としての勤務経験を通して、日々の業務のなかでいつも感じていることがある。それは、「どんなに大変で、困難な仕事であっても、職場環境、特に職場内の人間関係が良ければやっていける」「さらには職員の業務に対するモチベーションこそが、良いソーシャルワーク実践を生みだす」ということだ。

生活保護を担う福祉事務所、児童福祉を受け持つ児童相談所は、住民と直接関わることが多い典型的な「第一線行政機関」だ。行政機関が福祉政策を形成し、実施するプロセスにおいて、住民に対する直接的な関わりや業務の遂行は、福祉事務所や児童相談所を通じて行われている。

生活保護も、児童福祉も、特に豊富な経験と専門性が要求される職務であり、同時に、福祉行政は自治体業務の中枢にある。齋藤昭彦が指摘するように、「市区町村は一般会計予算に占める社会福祉諸施策の経費である民生費の割合は三七・二％を占め、市区町村全体の二二・八％、一般行政分野に限ってみれば四五・二％が福祉関係職員となっており、財政・職員数の両面において福祉行政は市区町村行政で大きな存在となっている」（齋藤昭彦「市町村の福祉行政専門職員の配置の必要性と求められる市町村福祉行政の機能及び福祉行政専門職員の能力」岩手県立大学社会福祉学部紀要、二〇一九年）。

それだけに、福祉行政の第一線において社会福祉サービスを提供し、政策形成・実施の実務を担っている職員について考察すること、それは、今後の社会福祉を考えるうえで、極めて重要な課題だ。

とりわけ、以下で繰り返し指摘するように、行政組織にありがちな数年単位で複数の部署を異動しなければならない「ローテーション人事政策」により、経験を蓄積したり、職務の継続性を保ったりすることが難しくなっている。職員の組織体制や資質の向上が喫緊の課題となっているのである。そこで、この章では、福祉事務所と児童相談所における組織体制を比較しながら、両者の現状と課題について述べていきたいと思う。

頻繁におこる人事異動

数年単位でまったく分野が異なる部署に異動してしまうという頻繁な人事異動は、日本の行政組織のひとつの特徴だ。だから、職員の人事異動により、組織内の業務が継続できなくならないように、組織じたいの能力を向上させなければならない。

全国二五二の自治体の人事関係部署に対してアンケート調査を行った中嶋学らによると、自治体は「組織の活性化」を第一の目的として人事異動を行っていて、配属の長さが異動する者を選ぶときの基準となり、約四年でなるべく配属されたことのない部門へ、部門を越えて幅広く人事異動が行われているると結論づけた（中嶋学・新川達郎「地方自治体における人事異動に関するアンケート調査報告」同志社政策科学研究、二〇〇四年）。

さらに、ある県の行政職員一一二人の採用から退職までにわたるキャリアに注目し、人事異動と昇進管理を分析した新井一郎らによると、約三年の周期で職員は異動となっており、その周期は採用種別や職位が上位の者ほど短いという。また、年代別に見ると二〇歳代の職員の異動周期が最も長く、その後四〇歳代まで年代が高くなるとともに周期が短くなっていく（新井一郎・澤村明「地方公務員の人事異動と昇進構造の分析」新潟大学経済論集、二〇〇八年）。このほかにもさまざまな研究があるが、多くの自治体では、三年〜五年の短い期間で、職能を超えた、広域的な人事異動がごく当たり前のこととして行われている。

少し考えてみよう。職員が三年〜五年のスパンで人事異動をするということは、各職場において毎年三分の一から五分の一の職員が入れ替わるということだ。つまり、年度初めの職場には三分の一から五分の一の業務未経験者が混在する状況が生まれる。一方、次の年には三分の一から五分の一の業務経験者が他の部署に異動してしまい、三分の一から五分の一の業務未経験者が新たに異動してくるわけだ。

以上のプロセスでは、最悪、職員が業務の過程で積み上げた経験やノウハウを生かしたり、組織内で蓄積させたりすることなく、数年後に別部署に異動となってしまうことが起こってしまう。この点は、生活保護行政や児童相談行政において、生活面のケアや児童虐待対応の質の向上を妨げる大きな要因となり、行政を行ううえで大きな非効率をもたらす。数年単位の人事異動は、生活保護の利用者や子どもにとって、無視できないデメリットなのである。

豊富な経験や専門性が要求される部署においては、人事異動の必要性とその弊害を見直すべきだ。急増する児童虐待対応や生活保護対象者に対して、職員の増加が間に合っていない。これでは、職員の負担が増す一方なのだが、おまけに、福祉行政における人的、時間的、知識的リソースが不足することとなれば、職員の精神的不健康やバーンアウトを引き起こしかねない。実際にこれは深刻な問題となり始めている。

過酷な労働環境

こうした福祉行政の現場の疲弊は無視できない問題である。生活保護を例にこの問題を見ておこう。

生活保護は、日本国憲法第二五条に規定する生存権の理念のもと、生活保護法の規定に基づいて国が行う業務について、自治体が受託して実施している公的な扶助制度である。生活保護の実施主体は、各自治体に設置された福祉事務所であり、福祉事務所で勤務する「生活保護現業員(ケースワーカー)」と、ケースワーカーのスーパーバイザーである「査察指導員」が生活保護利用者(以下、利用者)のケアを行っている。

ケースワーカーと査察指導員は地方公務員であり、その人件費は自治体の負担となる。各自治体で地方分権と行財政改革が進められた一九九〇年代以降、人件費を含めた予算の削減が求められる状況がつづき、自治体の職員数は減少の一途をたどってきた。特に市区町村の行政部門職員数は一九九六年をピークに二割以上も減少していると言われており、職員数の合理化の波は、もちろん、生活保護部門も例外ではない。

厚生労働省の調査によると、二〇二一年三月には高齢者の生活保護受給世帯数が九一万一一六七世帯となり、過去最多となった。特に、高齢者の生活保護受給世帯のうち約九割は単身高齢者で、こちらも過去最多を更新している。

確定値の最新である二〇一九年度データによると、単身高齢者の生活保護受給世帯数は八二万九〇三世帯で、過去最多を更新しつづけており減少の兆しがみられない。また、障がい者の生活保護受給世帯数についても増加傾向がつづいており、二〇二一年二月には二〇万八三三一世帯となり、例にもれず、過去最多となった。

高齢者や障がい者・傷病者は、働くことで定期的に収入を得るケースはあまり多くなく、生活保護の基本原則である「就労による自立助長」からは、はずれることとなる。したがって、ケースワーカーは、稼働年齢層の利用者には、自立に向けた就労面のケアを行うことが多いが、高齢者や障がい者・傷病者の利用者に対しては、それとは異なるケアが求められることとなる。

高齢者・障がい者・傷病者のうち、働く意欲のある者については、主治医に病状調査をしたうえで、本人のニーズに合った、就労に向けたケアを行う。福祉事務所側から就労に向けたケアを行うのではなく、利用者側の就労意欲をケアする形だ。なかには七〇代から八〇代の利用者で就労をつづけているケースもある。

また、働くことが難しければ、「高齢者世帯」、「障害者世帯」、「傷病者世帯」に対しては、当然、保護の長期化を防ぐための取り組みも限定的になってしまう。各福祉事務所では、急増している高齢者、障がい者、傷病者の利用者世帯に対して、ケースワーカーが多様なケアを求められており、これに伴って業務の負担が大きく圧しかかる状況が生まれている。

NHKによる二〇二一年のインタビュー記事、「ひっ迫する〝生活保護の現場〟コロナ禍が追い打ちに」(二月一八日、https://www3.nhk.or.jp/news/html/20210218/k10012875371000.html)によると、東京都内の福祉事務所でケースワーカーとして勤務する三〇代女性職員は、通常の一日あたりの勤務時間のうち、利用者への対応業務で約一時間、相談などの電話対応で約二時間、緊急に対応すべきケースなど、福祉事務所外での業務で約三時間、後輩のケースワーカーへの業務指導で〇・五時間、書類作成などの事務作業で五時間を費やしている。

つまり、この女性ケースワーカーは通常七・七五時間の勤務時間のところ、一一・五時間分の勤務をしているわけだ。毎日約四時間の超過労働である。一カ月あたりの平日日数が二〇日だとすると、毎月八〇時間の超過労働をしているわけで、健康障害の要因が高まるとされる「超過労働時間(過労死ライン）」に当てはまる超過労働が常態化しているのだ。

実際、インタビューのなかで、女性ケースワーカーは、残業しても間に合わないときは休日出勤をして事務作業をしている、と述べている。非常に過酷な労働環境に彼女が置かれていることがうかがい知れるが、これはけっして彼女だけが直面している状況ではない。

求められる柔軟なケースワーク

このように福祉の現場では、職員の専門性への期待と過酷な労働環境とがせめぎあっているのが現状である。この問題をもう少し掘り下げて見てみよう。

一九七一年に当時の厚生省から『新福祉事務所運営指針』が示されたが、そこでは「少なくとも社会福祉主事の資格を持った者が福祉の現業活動に五年程度の実務経験は持たないと『ソーシャル・ワーカーとしての専門的能力』は身につかない」と指摘されていた。

生活保護業務に必要な知識は、研修や自己研鑽を通して習得することはできるかもしれないが、経験に裏打ちされた高度な能力が求められることは否めない。数多くの実務経験を積んでいくことが福祉行政職員の専門性を高めるために効果的な方法なのである。

一方、生活保護ケースワーカーの専門性はなかなか難しいものがある。というのも、生存権の保障そのものである。生活保護制度を執行するうえで、専門的知識が必要とされると同時に、対人サービスを提供する者としての面接技術に関しても習熟していなければならないからだ。

幸いにも、私は、生活保護行政に九年携わることができた。ここでの私の業務におけるケースワーク実践を紹介したい。ケースワークは型にはまったものだけではないと私は考えており、人生のすべてをケアするのがケースワークだと思っている。

まず、恋愛相談・結婚へのケアを挙げたい。ケースワークをしていて、独身女性、母子世帯を持つことが私は多かった。家庭訪問をしていていろいろな話をしていると、恋愛相談を受けることが少なくない。

そのようなとき、会うたびに恋愛相談を受けていて、時間が経つと結婚の話になる。相手の男性を婚約者として紹介してもらったこともあり、結婚自立に導いた世帯が多くあった。ケースワーカーでありつつ、恋愛相談もしつつ、人生のアシストをすることが人の人生をいくらかでも良いほうに向けられる。大きな愉しみだった。

次に、親族引き取りへのサポートを挙げたい。生活保護制度において、被保護者が過去に親族からDVや虐待を受けていない場合、扶養義務調査をすることが求められている。親族の居所が不明なときは、居所を確認するためにケースワーカーが戸籍調査を行う。戸籍を追って親族の居所を確認することは誰にでもできるが、財産分与等でなかなか必要に迫られないとやる人は少ないのが実情だ。

ケースワーカーが実親やきょうだいの住所に辿り着けると、福祉事務所から何らかの形で連絡をすることがある。実親やきょうだいは驚き、とにかく無事で良かったと安堵をすることが多い。会いたいと言う実親、きょうだいもいる。何度も被保護者の話を聞くことで、親子関係、きょうだい関係が修復される場合もある。ケースワーカーが仲をとりもち、交流に結びつける場合もある。親族引き取りになるケースもあるが、私個人は、保護の有無にかかわらず、精神的なケアを受けられることが重要だと感じる。

三つ目に、家族が疎遠になる前の対応を挙げたい。家族の心と心が離れている場合、一八歳になる前に、児童相談所等の行政の相談機関をはさんで、家族を再統合することにより、成人になった子とその親との関係に良い影響を与える場合がある。

生活保護世帯の扶養照会をすると、経済的なケア、精神的なケアを受けられず疎遠になっている場合がある。特に、親子、きょうだい、ともにお互い居住地を知っている場合のほうがケアを受けられないことが多い。第三者をはさむことで、成人に達する前に親子のボタンのかけ違いを修復すると、その後の「お互いの困ったときの助け合い」に寄与できる。

四つ目に亡くなる前の親族との交流を挙げたい。生活保護における扶助は生きている人に対しての扶助であるから、葬祭扶助の場合、単身世帯で亡くなった人自身がそれを受けることはできない。被保護者が生きているときにいかに親族と交流できるかが大切になる。やはり亡くなる直前に親族や大切な人に会えるようにケアをしたいと思うし、亡くなる直前に、被保護者がケースワーカー一人と会うのは非常に申し訳ない気持ちにさせられる。

せめぎあう専門性と労働環境

以上でわかるように、ケースワーカーにはかなりの「柔軟性」が求められる。そのうえ、職務には、ケースワークという社会福祉領域の専門的な能力が必要な業務と、複雑な法制度を理解しながら期限までに遅滞なく正確に事務処理を求められる業務とが重なる。

一人のケースワーカーが担当する生活保護受給世帯数は、法律のうえで市部では八〇世帯(郡部では六五世帯)だが、福祉事務所によっては一人のケースワーカーが一〇〇世帯以上もの保護利用世帯を抱えることも少なくない。その結果、ケースワーカーの業務は、日中にケースワークを行い、時間外勤務で事務処理を行うことが常態化している状況にある。

こうした状況にもかかわらず、全国の福祉事務所に対して実施されたアンケート調査では、各事務所において三~五年程度の短いサイクルで人事異動が行われていることが明らかになっており、中堅職員やベテラン職員の確保ができず、組織内の経験の蓄積や伝承が困難になりつつある(一般財団法人日本総合研究所「平成二九年度生活困窮者就労準備支援事業費等補助金 社会福祉推進事業 報告書」二〇一七年)。ケースワーカーの上司にあたる査察指導員も、生活保護業務の経験年数が浅い職員が担うケースが多くなっており、十分なサポートが得られにくい状況のなかで難しい対応を迫られている。

こうした現状に対して、自治体の現場からは、改善を求める声があがっている。東京都北区福祉事務所の「生活保護業務調査報告書」は、査察指導員は、福祉専門職などの専門能力の高い職員であるだけでなく、他課で職員の人事管理を経験し、現業員経験もある係長級職員を配置するなど、専門性を重視した人事配置を求めた。また、兵庫県明石市福祉事務所の「生活保護業務調査報告書」でも、現業員一人が担当する受給世帯を八〇世帯以下にできる適切な人員配置を求めている。

専門職団体である日本社会福祉士会も同様だ。現在の生活保護行政における組織体制について「現行の社会福祉主事任用資格だけでは生活保護世帯の増加とともに多様化・複合化する住民ニーズに対応することは難しく、社会福祉士等の国家資格所持者の割合を高めるなどの職員配置を進めることが求められる。また、福祉職等の専門職の配置や研修の充実等による人材の育成と確保を図り、住民の権利を守ることができるよう、地方自治の本旨に立ち返るべきである」と述べ、日々複雑化する生活保護行政において国家資格所持者や福祉職を積極的に登用することが重要だと指摘している。

行政サイドにおいて、職員の資質・専門性を高めることの重要性がある一方で、地域がこれとどう関わっていくのか、という問題が当然残されることになる。この点については、各章の議論を参考にしてほしい。

児童福祉の点によるケアから面によるケアへ

次に、児童福祉行政に目を転じてみよう。

児童相談所は、子どもの社会的養護や保健、障がい、非行、育成に関する相談といった児童福祉について、相談を受け、援助を行う機関である。

市区町村に配置されている福祉事務所では、児童福祉法がさだめる援護、育成または更生の措置に関する事務をあつかっている。だが、これとは別に、市区町村および都道府県、学校・保育園・幼稚園・病院・警察・福祉施設といった関係機関との適切な役割分担や連携を図ることで、児童福祉を増進することを目的として、児童相談所が設置されている。

これまで、都道府県や政令指定都市には、児童相談所の設置義務があったが、近年では、その範囲がさらに広げられつつある。

まず、二〇〇四年の児童福祉法改正をきっかけとして、中核市が児童相談所を設置できるようになった。金沢市で二〇〇六年四月に全国ではじめて児童相談所が中核市で設置されたのを皮切りに、神奈川県横須賀市で二〇〇八年四月、熊本市で二〇一〇年四月、兵庫県明石市で二〇一九年四月に児童相談所が設置された。その他にも、奈良市が二〇二一年度中の設置を目指して準備が進められている。熊本市は二〇一二年四月に政令指定都市に移行されたため、二〇二一年四月現在で金沢市・横須賀市・明石市の三つの中核市で児童相談所が設置されていることになる。

さらに、二〇一六年の児童福祉法改正により、東京都にある特別区にも児童相談所が設置できるようになった。二〇二〇年四月に世田谷区と江戸川区に特別区ではじめて児童相談所が設置されたのを皮切りに、二〇二〇年七月に荒川区、二〇二一年四月に港区にも設置された。

ちなみに、荒川区の人口は約二二万人、面積は約一〇平方キロメートルしかない。この人口は、渋谷区や文京区、東京都調布市、神奈川県厚木市、神奈川県大和市などとほぼ同じ人口である。面積もJR山手線より内側にあたる部分の約六分の一の広さにすぎない。都道府県も含め、児童相談所を設置・運営している他の自治体と比べると、非常に小さい範囲で相談業務が行われ、同時に、一時保護所設置などの専門的な対応も行われていることになる。

以上の設置拡充の流れを受け、二〇二一年一月一日現在、全国に二二〇カ所（都道府県一八四カ所、政令指定都市三〇カ所、中核市三カ所、特別区三カ所）の児童相談所が設置されている。

児童福祉行政においては、一九九〇年代以降から増加傾向にある児童虐待相談件数を背景に、虐待の未然防止や虐待を受けた児童の保護が重要な課題となっている。

二〇〇四年の「児童虐待の防止等に関する法律」及び児童福祉法（以下、「法律」）の改正により、相談窓口が市区町村の役割として明確化され、児童虐待の通報先に市区町村が追加された。これによって、児童虐待対応の第一次窓口として市区町村が位置づけられ、軽微なケースはそこで対応し、一時保護や施設入所などの広域的対応や児童福祉司・児童心理司などによる専門的対応は児童相談所が行う、という役割分担がなされた。

また、虐待を受けている子どもをはじめとする要保護児童の早期発見や適切な保護を図るには、学校や警察などの関係機関が子ども・保護者・家庭などに関する情報や考え方を共有し、うまく連携することが求められる。この課題に対応するために、「要保護児童対策地域協議会（以下、「要対協」）」を各自治体で設置することも、二〇〇四年の「法律」の改正によって明記された。

「要対協」は、学校・保育園・幼稚園・病院・警察・福祉施設などの保護を必要とする児童のケアに関わる実務者で構成されている。これらの人たちが、円滑に連携・協力できるようにし、定期的に情報を共有していくことで、スピーディーにケアをはじめ、児童虐待案件の早期発見・早期対応、再発防止につなげることが期待されている。

ちなみに、「要対協」は、市区町村が設置・運営していることが多い。個々のケースが持つ課題に応じて、住民に近く、きめ細やかな対応ができるのが市区町村の強みであり、それらが児童虐待防止で果たす役割も大きくなっているのである。

さらに、二〇〇七年に行われた「法律」の二度目の改正にともない、児童相談所の立ち入り権限が強化され、児童虐待通報を受けてから四八時間以内に子どもの様子を目視で確認するなどの安全確認を実施しなければならない「四八時間ルール」が原則になった。

こうして、世田谷区・江戸川区・荒川区・港区や金沢市・横須賀市・明石市などのように、ひとつの基礎自治体が、児童虐待対応における第一次窓口対応から広域的・専門的な対応まで一気に手がけるケースがみられるようになった。近年の児童福祉行政は、都道府県・市区町村を問わず、地方自治体にとって重要な福祉行政のひとつとなっているが、都道府県が設置・運営する児童相談所による「点によるケア」から、基礎自治体である市区町村による「面によるケア」へと重点は移りつつある。

子ども家庭総合支援拠点設置の動き

近年では、二〇一六年の児童福祉法改正により、市区町村は、子どもや妊産婦の福祉に関する必要な業務を行うこと、そのために、地域のリソースや必要なサービスを有機的につなぎ、調査・訪問などによる継続的なソーシャルワーク業務を行う拠点の整備に努めなければならないと規定された。これが「市区町村子ども家庭総合支援拠点（以下、「支援拠点」）」である。

「支援拠点」では、子ども、その家庭、妊産婦等を対象としながら、実情を把握しつつ、相談全般だけでなく、通所・在宅のケアを中心としたより専門的な対応を行うことが期待されている。政令指定都市では、行政区ごとに「支援拠点」を設置することが求められており、二〇一八年に決定した「児童虐待防止対策体制総合強化プラン」でも、支援拠点を二〇二二年度までに全市区町村に設置することが目標とされている。

では、現状はどうなのだろうか。二〇一九年四月現在の厚生労働省調査統計によると、二八三自治体が「支援拠点」を設置している。地域に根差したケアは「支援拠点」が、専門的な虐待対応は児童相談所が受け持つことで、ケアの切れ目や隙間を生むことなく、地域全体で子どもの命を守る協力体制を作ることが期待されているが、数的にはまだ不十分の感は否めない。

むろん、ケアを強める動きもある。横浜市では、児童虐待対策の充実を目的として、二〇二一年度中に市内一〇区のこども家庭支援課に「支援拠点」の設置を予定している。横浜市は、保健師やこども家庭支援員、社会福祉専門職等を増員し、子どもや家庭からの相談への対応を強化しようとしている。

市によると、区役所の福祉保健センターを通して児童虐待情報を把握したケースが全体の二〇％以上になるといい、基礎自治体の重要性の高まりを知ることができる。二〇二二年度には残り八区にも

「支援拠点」を設置する予定であり、市民にとって最も身近な行政機関である区役所を中心として、子ども・保護者・家庭に向けた総合的なケア体制を構築しようとしている。

ここで気になるのは、「支援拠点」と先に見た「要対協」の関係だ。いずれも市区町村が設置・運営する機関ではあるが、設置・運営の時期や背景は異なっている。

二〇〇四年の「法律」の改正により、多様化し、複雑化した児童福祉の行政ニーズに対して、複数の機関で連携して解決に結びつけるべく、各市区町村に「要対協」が設置・運営された。

一方、これを土台として、複雑な家庭問題がからんだケースや法律知識が必要な児童相談など、より細かく、高度なニーズに対して、二〇一六年の児童福祉法改正にともなって市区町村に対して設置が求められたのが「支援拠点」である。市区町村が「支援拠点」を設置するにあたって、「支援拠点」の職員が「要対協」の運営者として、学校・保育園・幼稚園・病院・警察・福祉施設といった機関とスムーズに連携を図っていくことにねらいがある。

もちろん課題もある。小規模の自治体では、児童福祉を専任で担う職員や専門職の人材確保が難しいという課題を抱えている。近年では、泣き声通告やDVなどに対応するための専門的な知識や経験が求められるケースが少なくないから、これは深刻な問題だ。

また、小規模な自治体で人員確保が難しいということは、それらの自治体では「支援拠点」を設置する目途が立たないことを意味する。自治体の規模にかかわらず、福祉専門職の人材育成・確保を可能とするために、研修・育成のシステムづくりを急ぐべきである。

高度な専門的対応が要求される児童相談所での労働

このように、近年、児童相談所では、関係機関との役割分担や連携を図りつつ、子どもだけでなく、保護者も含めた広いケアを行うことで、児童福祉の充実をはかっている。

では児童福祉行政の今後はいかなるものであろうか。近年は児童虐待相談の件数が増加し、緊急かつ高度な専門的対応が要求されているのである。

東京都目黒区で二〇一八年三月、千葉県野田市で二〇一九年一月、札幌市で二〇一九年六月、鹿児島県出水市で二〇一九年八月と、児童虐待死事件が相次いでおり、報道の持つ社会的影響力から、児童福祉行政への世間の目は非常に厳しいものとなっている。最近では、福岡県篠栗《ささぐり》町において二〇二一年三月に児童虐待死事件で母親と知人女性が逮捕されており、子どもの命と安全を守る最後の砦としての児童相談所のあり方が問われている状況にある。

これを受けて、一部の都道府県では、児童相談所を増設する動きがみられる。神奈川県では、児童虐待などの相談件数が増加している中央児童相談所と厚木児童相談所について、担当地域を一部切り出し、新たな児童相談所を二〇二一年四月に新設した。児童相談所を運営している都道府県・政令指定都市・中核市・特別区においては、近年の児童虐待の増加にともなって児童福祉司を増やしてきた。

ところが、ひとつの児童相談所において多くて合計一〇〇人もの児童福祉司・児童心理司や他の職員をマネジメントする立場にあるのは所長である。神奈川県では二〇二一年四月より、管轄地域である大和市・綾瀬市ではない場所（藤沢市）に大和綾瀬地域児童相談所を設置した。これは、大和市を管轄していた中央児童相談所と、綾瀬市を管轄していた厚木児童相談所における児童虐待対応件数が増加したことにより、双方の児童福祉司・児童心理司が非常に多くなっているため、所長にかかる負担が集中する状況にあったことが背景にある（朝日新聞二〇二〇年一〇月一〇日）。

虐待に関する通告は、児童相談所内で緊急受理会議を開き、対応を組織的に協議したうえで、当面の方針や主担当者、調査及び診断の方針、一時保護の要否などを最終決定することが「児童相談所運営指針（第三章第二節　相談の受付と受理会議）」に明記されている。各児童相談所は、相談件数や児童虐待対応件数の増加によって、児童福祉司や児童心理司を増やしてきたが、児童相談所内の職員が増えるほど、職員の管理運営を行う管理職である所長のマネジメント業務の負荷が大きくなる状況となっていた。神奈川県内の児童相談所を統括する神奈川県子ども家庭課は「所長に負担が集中し、方針決定に時間がかかっていた」と述べている。その意味では、児童福祉司の増加とともに所長の増加、さらには、児童相談所の増設も求められているといえる。

児童虐待対応や訪問は、夕方・夜間に行うことも稀ではない。児童相談所もまた、生活保護ケースワーカーと同じく、時間外勤務の要因を常に抱える現場である。特に、子どもや働いている保護者に面会できるのは、学校や仕事が終わる夕方以降になる。児童福祉司が家庭訪問できる時間帯は夕方以降が多くなるのは自然なことで、面会後に記録報告書起案などの書類作成を行うことにより業務が夜間までおよんでしまうことも少なくない。

また、児童相談所が四八時間以内に安全確認を行わなければならない「四八時間ルール」も児童相談所にとって時間外勤務の要因となる。「四八時間ルール」にある四八時間というのは、夜間・土日も関係ない四八時間以内である。夜間の宿直担当の職員や土日の当番で待機している職員が緊急的に対応するケースも少なくないであろう。

さらに、児童相談所の職務には、一時保護、子ども・保護者・家庭の意に沿わない対応を行うこともあり、児童相談所職員にかかる精神的負担も非常に大きい。毎日新聞の調査では、二〇一八年の児童福祉司の精神疾患による休職率は教員の四倍で、疲弊や心理的負担で五〇人に一人が精神疾患で休職になっているとされている。

東洋経済新報社が全国の自治体を対象に行った調査によると、児童福祉司の一カ月あたりの時間外労働時間の最大値について、千葉市で一二一時間、三重県では九七時間、名古屋市では九四・三時間という結果が明らかになった（『週刊東洋経済』二〇一九年九月二一日号）。過労死ラインの月八〇時間を超えてまで残業をしている児童福祉司がいる自治体が全国に点在していることになる。

また、児童福祉司の平均時間外労働時間について、さいたま市（五二・四時間）、名古屋市（五一・四時間）、三重県（四七・三時間）、徳島県（四六・八時間）が高い数値となっている。毎月あたりの平日日数が約二〇日であることを鑑みれば、各自治体の児童福祉司は毎日平均で二時間以上の残業をしていることになる。児童福祉司の過重労働が指摘されるところである。

ＮＨＫによる二〇二一年のインタビュー記事、「児相職員の本当の姿、知ってください――現場の訴え」(四月三〇日、https://www3.nhk.or.jp/news/html/20210430/k10013003551000.html)によると、首都圏に位置する自治体の児童相談所で以前勤務していた元児童福祉司は、ひとりで抱えていた担当ケースは一〇〇を超えていたという。そのため、平日は早朝から深夜まで残業続きで、土日もボランティア出勤をせざるを得ない状況であったと話している。児童虐待相談及びそれ以外の相談を併せた児童福祉司一人あたりの担当件数が四〇件となるように、児童福祉司の管轄区域の人口三万人に一人という配置基準が設定されているのにもかかわらず、担当件数過多の負担を強いられている状況にある。

児童福祉司も生活保護ケースワーカーと同様に、九時から一七時までといった一般的な会社員のような勤務体制は取りにくい職務である。虐待の状況を確認するために子どもや親に会いに行くといっても、子どもは普段の日中は学校への通学で不在にしており、親も日中に仕事をしていることが多い。それゆえ、児童福祉司が子どもや親と会えるタイミングは、事実上夕方以降になるわけだが、訪問や面談が終わると、職場に戻り報告書などの書類作成に追われるため、仕事が終わるのは自ずと夜になってしまう。一部の会社や組織では、時差勤務やフレックスタイム制度の導入が行われつつあるが、夕方以降の労働比重が大きい児童福祉司にあって、職務環境に応じたフレキシブルな勤務体制の構築が早急に求められる。

児童相談所の専門性について

才村純によると、児童福祉司には、幅広い専門的知識と洗練された援助技術、専門的人格ともいうべき長年の臨床経験から編み出される卓越した人間力（洞察力、人間関係能力、交渉力、調整力など）が必要だと言う（才村純「児童相談所児童福祉司の専門性を考察する」『精神療法』二〇二〇年一〇月号）。これらの専門性・資質が数年で形成されるものではないことは当然のことだ。

しかし、児童福祉司の異動サイクルが短いため、児童福祉司としての勤務経験は公務員キャリアのひとつの通過点に過ぎなくなっている。そのことは、専門職としての豊かな経験の蓄積と専門的人格の形成、専門職としてのアイデンティティの確立を困難なものとする。

そして、短期間の異動は、児童相談所において専門性が蓄積・伝承されないという構造の原因となっており、これがさらに、相談行政の中核を担う児童福祉司やスーパーバイザーの育成が困難な状況を生んでいる。

鈴木秀洋は、児童虐待対応の業務に関わる職員の専門性について、社会的に認知されるべきものであり、評価されてよいと述べるとともに、その専門性を組織としても個人としても常に向上させるべきであると述べている（鈴木秀洋「野田市児童虐待死事件再発防止合同検討委員会を閉じるに当たり［鈴木意見書］」野田市ホームページ）。

くわえて、子どもの命を継続的に守るためには、子どもからの信頼を得るとともに、その信頼関係を継続的に構築していかなければ困難であること、発達やＤＶに対する理解など、子どもに向き合うための専門的知見を有することが求められるだけに、必要な知見については専門家に積極的にアドバイスを求めることが重要である、とも指摘している。

名古屋市が外部有識者をつうじて児童虐待事例を調査した「名古屋市児童虐待事例検証委員会」では、児童虐待への対応に必要な専門性とは、児童虐待に関する基礎的な知識や技能の積み重ねをベースに、児童虐待が起きているまたは起こる可能性が高い状況を的確に評価・判断したうえで(査定・アセスメントの実施)、対応すべき適切な援助方針を立て、それを確実に実践できる力量のことであると述べている(名古屋市児童虐待事例検証委員会「名古屋市児童虐待事例検証報告書」名古屋市ホームページ)。

この検証委員会は、児童虐待対応の専門性確保のうえで最低限必要となる知識や技能についても言及している。すなわち、児童相談所運営指針や子ども虐待対応の手引きを熟読し、知識・技能を積極的に高めていくとともに、国による虐待死亡事例等の検証結果報告書や検証委員会による報告書などを教材として、ケースワークの場面を想定した動きを理解しておく必要がある、というのである。

報告書にあるように、児童虐待対応への専門性を確保するうえで最低限必要となる基礎的知識や技能の習得にあたっては、先述した自己研鑽にくわえ、研修機会の充実、さらには一定期間経過後に再度学習を行うなど、定期的な学習機会の積み重ねを通じた知識・技能の定着が重要である。

その際には、上司や先輩職員のキャリアや資質を配置の際に考慮し、彼らが中心となって、経験が浅い職員に積極的な働きかけを行うこと、過去のケースを題材にした勉強会の実施など職員間の自主的な取り組みが行えるように児童相談所がケアしていくことが重要である。

じつは、以上の名古屋市の見解と軌を一にする報告書が全国で次々と作成されている。これらに共通して観察されるのは、児童福祉行政の質を向上させるための手立てをそれぞれが独自の視点から強調していることである。

横浜市では、二〇一八年度に市内で発生した児童虐待の重篤事例について、市の対応を検証した外部有識者による報告書を公表している（横浜市児童福祉審議会「児童虐待による重篤事例検証報告書（平成三〇年度発生分）」横浜市ホームページ）。

ここでは、大やけどを負った三歳の女児が自宅に放置されたケースなど三件の事例を取り上げ、虐待を防げなかった背景について、職員の業務量が過大な状況となっていたことを指摘した。対応策としては、児童相談所や区役所での人員・組織体制の整備や専門性の向上を求めており、そのうえで、実務能力と業務知識を積み重ねていくために、一定程度の知識や児童福祉の経験を積んだ職員を適切に配置することが必要であり、中長期的な人材育成を念頭に人員体制面での充実を図ることが重要であると述べている。

また、児童相談所や区役所こども家庭支援課など関係機関の役割分担も不十分だったとし、連携の強化を求めた。具体的なケア方法が不明確だった場合には、定期的なアセスメント会議の場などで確認を行い、常に的確なアセスメントが行えるように、児童相談所におけるスーパービジョンの機能を高めていく必要があり、児童福祉司スーパーバイザーの養成や責任職の研修などを実施し、職員全体の質の向上を図ることを求めている。

千葉県野田市は、二〇一九年に児童虐待死事件が起きた事例について外部有識者による検証報告書を公表した（野田市児童虐待死亡事例検証委員「野田市児童虐待死亡事例検証報告書」野田市ホームページ）。

ここでは、児童相談所の児童福祉司の数の増加と質の向上を図ることを求めており、特に質の向上について言及されている。二〇一九年度に子どもが親などから虐待を受けたとして児童相談所が対応した件数は全国で一九万件を超え、一九九〇年度の統計開始以来二九年連続で過去最多を更新しつづけている状況である。野田市の検証報告書では、法定の研修のみならず、外部のスーパーバイザーを招聘した事例検討会を実施したり、個人の希望で外部研修会に積極的に参加させたりするなど、児童福祉司の研修機会を増やすことが必要だと訴えている。

さらには、沖縄県でも、二〇一九年の野田市児童虐待死事件の事例について外部有識者による検証報告書を公表している（沖縄県社会福祉審議会「児童虐待死亡事例検証報告書（平成三一年一月　千葉県野田市一〇歳児死亡事例）」沖縄県ホームページ）。児童相談所が増加する児童虐待や市町村支援に対応するため、市町村を支援するプロジェクトチームによる組織体制や弁護士へ常時相談できる体制の構築、市町村支援担当職員の配置、心理司の増員、保健師の配置、児童相談所と市町村の情報共有システムの導入などの体制強化を求めている。

このように、児童福祉に関わる職員の資質・専門性の改善が喫緊の課題となるなか、いくつかの自治体では、その課題に対する答えをさまざまな形で出し始めている。

二〇一六年の児童福祉法改正とともに児童相談所設置を推進した自治体がある一方で、練馬区のように、児童相談所整備に代わる独自の児童相談体制を整えた自治体も存在する。先に一部の市区町村における子ども家庭総合支援拠点設置の動きについて触れたが、じつは、練馬区も早期に子ども家庭総合支援拠点を設置した自治体のひとつである。

一方、二〇〇四年の児童福祉法改正により、中核市が児童相談所を設置できると規定されたが、このなかで、明石市の取り組みについて紹介したい。

明石市の面積は四九平方キロメートルで人口は約三〇万人で、江戸川区あるいは練馬区とほぼ同じ面積、中野区あるいは豊島区とほぼ同じ人口の自治体である。明石市では市議会は全会一致で賛成のうえ、児童相談所を地域の反対を受けることなく市内の中央部にあるＪＲ山陽本線大久保駅から至近の場所に設置した。施設内には、個室風呂付の一時保護所も設けている。児童相談所の職員体制としては、国基準を上回る人員を配置し、基準以上の人件費はすべて明石市負担となっている。

二〇一九年五月二一日開催の第一九八回国会・衆議院厚生労働委員会第一九号において、泉市長は、職員と財政面で問題があるとしつつも、中核市に児童相談所を設置することを決めることの重要性を強調した。児童相談所の必置義務がある政令指定都市において、最も人口が少ない政令指定都市は静岡市の六九万人であることを考えると、明石市は相当にきめ細やかなケア体制を目指していることがわかる。

その一方で、中核市が児童相談所を設置できると規定されたものの、六二(二〇二一年四月現在)の中核市のうち、これを設置した中核市は三市にとどまっているのも事実である。児童相談対応を都道府県や政令指定都市に任せきっている状況が続いているのが現状である。

多様化かつ複雑化する児童福祉行政において、各自治体は、対応に苦慮している。その一因が財政問題にあることは明らかである。金沢市や横須賀市では児童相談所の運営費に年間一二億円から一三億円の費用がかかっているとされている。運営費に一二億から一三億かかり、国や県からの補助が約四億円あることを差し引いても、八億円以上かかるわけで、このことが、中核市に児童相談所が増えないネックとなっている(衆議院厚生労働委員会「第一九八回国会・衆議院厚生労働委員会第一九号議事録」衆議院ホームページ)。

おわりに

ここまで、福祉事務所の生活保護業務と児童相談所の業務について、近年の動向について述べてきたが、両者ともに所長、スーパーバイザー、ワーカーがおり、非常に似た組織体制である。だが、生活保護行政は、生活保護制度を取り巻く制度は新設されているものの、指針の改正はない状態にある。児童相談所運営指針が改正を重ねていることに対して、新福祉事務所運営指針は一九七一年から一度も改正されないまま現在に至っている。この点もまた、思い切った改善が期待されるところである。

地方公務員は会社員と同様に労働基準法が適用され、労使間の三六《さぶろく》協定を締結しなければ、原則として、法定労働時間を超える時間外労働や法定休日の労働をさせることはできない。しかしながら、福祉事務所や児童相談所は、警察・消防などと同様、労働基準法に定める三六協定の適用除外事業所のひとつであることを理由に、職員に時間外労働を命令するための労使協定を児童相談所や福祉事務所で締結することができない。

さらに、三六協定を締結していても、時間外労働の上限は月四五時間・年三六〇時間までとなっており、この上限時間を超えた時間外労働をさせた事業所には罰則が設けられている。ところが、このような罰則も、福祉事務所や児童相談所は適用除外となる。つまり、福祉事務所や児童相談所で勤務する職員は、常に過重労働の要因を抱え、三六協定を結ぶ事業所以上に働き方改革が求められる現場なのである。

生活保護行政では生活困窮者自立支援制度の運用が開始され、児童相談行政では市町村による子ども家庭総合支援拠点の設置・運用が始まるなど、より敷居が低く、ささいなことでも、住民が気軽に相談できるような体制が構築されつつある。職員の資質・専門性を高めつつ、この機能をさらに充実させていくことにより、住民がいつでもどこでもどのような内容であっても躊躇することなく気軽に相談ができる状況を生み出せるだろう。

その一方で、国会では児童相談所における児童福祉司の採用辞退者が多数出ていることが議論に挙がっている。ある自治体での二〇一八年度の児童福祉司の採用者数は、合格者数二五名のうち八名が入職で、一七名が採用辞退したという。福祉専門職の人材のとり合いが既に始まっているのである。

またこの自治体では、児童福祉司・児童心理司ともに、経験年数二年以下の職員が半数を占めているとされ、今後はベテラン職員の大量退職が見込まれている。このなかで、児童福祉司のスーパーバイザー、中堅の職員が組織で非常に重要な役割を占めているものの、その人材が現場で非常に枯渇している状況だという問題も議論された（衆議院厚生労働委員会「第一九八回国会・衆議院厚生労働委員会第一九号議事録」衆議院ホームページ）。職務環境に応じたフレキシブルな勤務体制の構築をはじめとして、児童相談所や福祉事務所の労働環境整備や積極的な働き方改革が早急に求められる。

福祉事務所における生活保護のケースワーカー、児童相談所の児童福祉司のそれぞれは、住民の一番近いところでの相談を受け、ときには生活に関わることを示していくこともある。それだけ責任のある業務だということだ。そのような、責任重大な、他者の人生に関わる業務をどのように実践し、どのように人びとの暮らしをアシストすべきだろうか。悩みはつきない。

私は論文執筆のために査察指導員にインタビューを実施したことがあるが、スーパーバイザーに必要とされている資質として、専門性だけでなく、上司との良き関係、スーパービジョンの大切さ、職場内の人間関係の大切さがあげられていたことが印象深かった。

とりわけ、本章で述べてきたように、児童相談所は年々、組織改革をし、手厚い人事体制を整備している。地域住民へ直接、ソーシャルワーク実践をする前に、組織整備がなされていなければ、良きソーシャルワーク実践はできない。これらを整備したうえで、行政がどのような相談であっても的確かつ迅速に対応できるような体制が構築できるよう、多職種・多機関が密接に連携したチームアプローチの構築が早急に求められている。チームアプローチとともに、福祉事務所及び児童相談所における所内の職員体制の機能を整備することで、より良いソーシャルワークの実践ができよう。

第５章 重い障害のある人が生きる街
――贈り合い、受けとり合う

名里晴美◎社会福祉法人訪問の家理事長

建設反対からのはじまり

小さな障害者地域作業所から、桂台の地（横浜市栄区）に引っ越してきた日、軽トラック一台ほどの少ない荷物と私たちを、完成したばかりの「朋」の玄関で迎えてくれる人がいた。新たな地でのスタートに不安もいっぱいだった私たちにとって、颯爽と荷物の運び入れを手伝ってくださる方々の光景は、とてもさりげなく、でも、強く印象に残っている。

一九八六年、「訪問の家」はその前年に社会福祉法人の認可を受け、最初の事業所である「朋」を開設した。住宅街のなかにあるその土地は、横浜市からの無償貸与だった。

横浜市から障害者施設建設の計画が出された際、一部住民からは、「建設反対」の声が上がっていた。一九八四年一〇月には、「（高級住宅街に）障害者施設なじまぬ」との新聞記事が出た。大学を卒業し、地域作業所（昭和五〇年代頃から障害者当事者や家族らの努力でつくられた、法人格を持たない障害者の働く場・生きがいの場）に就職したばかりだった私は、これからどうなるのか、漠然とした不安を抱いていた。

そんな最中、建設予定地隣の中学校体育館で、「地元説明会」が行われる。なんとも言えない緊迫感が会場を満たすなか、設立代表者である日浦美智江さん（前「訪問の家」理事長）がスライド写真をまじえながら施設の概要を説明した。

質疑応答となったとき、その質問はあった。

「施設ができたら、散歩に出ますか？」

どうこたえるのだろう。会場の住民側の端っこに座っていた私は、緊張で固まった。日浦さんは逡巡した表情を見せながら、ゆっくり立ち上がり、遠慮がちに、でもしっかりと答えた。

「出たいと思います」

そのとき、会場から声があがった。

「どんどん出てきてください」

それが、どなたの声だったのか今もわからない。しかし、この一言を境に、会場の空気がガラリと変わったことだけは、まちがいなかった。

一九八〇年代当時は、全国的にも共稼ぎ世帯は多くなく、桂台では、三〇代、四〇代の主婦の方々が、ＰＴＡ活動等で活躍されていた。この方たちが、日浦さんを招いて勉強会を開き、地域作業所にも来てくださった。そのときだった。「こんなに狭くて、不便な場所ではなく、私たちの街に来て！」、そう、言ってくださった。

当時の私たちの作業所は、ほとんどの人が車いすユーザーであったが、坂の途中の細い路地の奥の、古い小さな家だった。みなさんは、すぐに「朋を応援する会」を立ち上げられた。これが、「朋」開設後には、ボランティアグループ「わかくさの会」となる。そして、前述の引っ越しの日、私たちを出迎えてくれたのは、この「わかくさの会」の方たちだった。

みなさんと親しくなった頃、話してくださったことがある。「私たちの街に、どんな人が何を求めて来たいと言っているのか、よく知りもしないで反対していいのか」そう思っていた、と。この方たちは、「朋」、そして法人「訪問の家」の草創期、圧倒的なパワーで、介助、送迎、施設の清掃等々、さまざまな場面でボランティアとして力を注いでくださることとなる。

どんどん施設の外へ、地域のなかへ

「朋」は、開設当初から地域の運動会（通称・ミニリンピック）や夏祭りへのお誘いをいただき、参加を続けてきた。

はじめて参加したミニリンピックの「借り物競争」でのことだった。メンバー（「朋」に通う重い障害のある人を、私たちはそう呼んでいる）とスタッフでじっくり借り物の書いてある紙を読み、誰に借りるかをメンバーの視線等で探り、その人のペースで競技に参加する。そして、みんな笑顔でゴールした。当然、時間がかかってしまい、予定時間をオーバーしてしまう。他の参加者はどう思っているのか、やっぱり障害のある人がいると予定通りにいかないと思われていないか……やきもきするテントの様子を見て、自治会長さんが声をかけてくださった。

「こういうことが待てなきゃ、一緒に生きていけないよ」

夏祭りでは、こんな思い出もある。祭りの会場は、「朋」からすぐ近くの公園。それぞれに浴衣や法被を身にまとい、「朋」からも会場へ向かう。

ある年、元気だった幼い頃に、近所の盆踊りをはしごしていたというメンバーが、障害の進行により体調が厳しく、祭り会場まで出かけることができなくなってしまった。なんとか祭りの雰囲気を味わえないか、私たちスタッフは考えた末、地域の神輿保存会の会長さんを訪ねた。

例年、祭り当日にお神輿が住宅街を練り歩くのが恒例になっている。「『朋』に寄っていただくことはできないか」、私たちはそうお願いした。嬉しいことに、会長さんは、二つ返事で引き受けてくださった。

当日、笛の音と共に「ワッショイ、ワッショイ」の掛け声が少しずつ近づいてくる。「朋」の玄関前に全員が並んで待つなかに、ストレッチャーに横になった彼がいた。

いよいよ大勢の法被姿の人たちとお神輿が「朋」敷地内に入ってきた。そして、そこでにぎやかにお神輿を担ぎながら回転させた。ほとばしる汗、熱気のなか、ストレッチャーの上で、カーっと目を力強く見開く彼の顔があった。

できていたこと、楽しめていたことが、だんだんできなくなっていく彼に、大好きだった祭りを感じてほしい。家族やスタッフ、地域のみなさんの願いと神輿の熱気が混ざり合い、熱いものがこみ上げたひとときだった。

ほどなく、彼は亡くなられた。あのとき以来、神輿の走行経路に「朋」がずっと入っている。彼の功績だ。今も神輿の賑わいのなかに、彼が紛れているような気がしてならない。

彼らにしか伝えられないこと

「朋」は、小学校、中学校、保育園に囲まれており、開設当初から交流が続いている。小学校からは、年に一度、校庭で行われる全校集会に呼ばれていた。児童の発表や踊りなどを見せていただき、

「朋」からも代表者があいさつをする。

初めの数年は、施設長、課長、リーダー等が朝礼台に立った。あるとき、スタッフから「メンバーがあいさつしたらどうだろう」との声が上がった。ただ、この頃、「朋」のメンバーのなかに言葉で思いを表現できる人はいなかった。

内部でも「どうやって？」と心配する声もあるなか、代表に選ばれたのは、相手からの問いかけに、声、表情、全身に力を入れるなどで「イエス・ノー」を表現してくれるメンバーだった。あいさつをやってみるかと尋ねられると、彼は「イエス」と表現。スタッフと一対一で話し合いがはじまり、どんなことを言いたいかを決め、文章をつくった。

当日、全校児童の前に出たメンバーとスタッフ。スタッフが「これから、一緒に考えた文章を読みます」とあいさつをはじめる。すると、彼は、全身に力を入れ、力強く「オー、オー」と声を出しはじめた。文章が読み上げられる間、ずっとその声は続いた。児童たちは、彼の姿をじっと見つめていた。まるで目を奪われているかのように。

全校集会のすぐあと、小学校の先生から「朋」に手紙が届いた。そこにはこう書かれていた。

「子どもたちが『朋』の人たちに何かしてあげられるわけではないのに、〝交流〟ってどうなんだろう？と思っていました。でも、あいさつを聞いている子どもたちを見て、教員では教えられないことを『朋』のみなさんから教えられている、と思いました」

翌年は、瞬きで返事をする人、その次は、じっと見る目力と笑顔が印象的な人、メンバーのあいさつは続いた。教室に戻ったあと、「先生、すごいね、まばたきで気持ちを伝えるってすごいよね！」と興奮しながら話す子もいたそうだ。本当に……。「朋」のメンバーは、彼らにしか伝えられないことを、子どもたちに伝えているのだと思う。

「朋」で作られた「訪問の家」の土台

「朋」のメンバーは、「重症心身障害児・者」といわれる。

当時、重症心身障害児者のための施設は、二四時間医療に守られた入所の施設しかなかった。通所の施設は、法律にも、制度にも、ない。それでも、「本人にとって望ましい場をつくろう」という、関わってきた人や家族の思いを力に、前例のない取り組みが実現に至り、「朋」は生まれた。そのときのみんなの思いは、開所式での家族代表の母の言葉、「夢なら覚めないで」に込められている。

こうして「朋」はスタートした。メンバーとほぼ同世代の私たちスタッフは、どんなことならメンバーが楽しんでくれるか、やりたそうな顔、イキイキした顔をしてくれるか、いろいろなことをやったし、いろいろなことをやらなかった。歌、楽器、身体を動かすこと、一緒に踊る、何かをつくる、散歩、演劇、話し合い、外出、旅行等々、楽しめそうなことを、とにかくなんでもやってみた。だけど、同時に、決められた日課にメンバーを合わせるようなことだけは、まずしなかった。

決して長くはない通所の時間は、朝の会、健康チェック、午前のプログラム、トイレ、昼食、午後のプログラム、帰りの会等、だいたいの時間が決まっている。

しかし、朝の到着後、靴を履き替えるのに時間がかかっても、時間で止めたりはしない。本人にやってもらうよう、座位を後ろから支えるスタッフが根気強く声をかける。

家で母とケンカをしたのか、口をへの字にして浮かない顔のメンバーには、朝の会が始まっても一対一で気持ちを聞く。その日の通所メンバー全員が集まる朝の会で、一つのグループが前日の買い物外出の報告をしたときは、全員がその人なりの方法で自分の選んだものを伝え終わるまで、朝の会は延々と続くのが日常だった。

私は、「朋」が開設したばかりのこの頃、人と人が向き合うとはどういうことなのか、ということを教えられたと思っている。その醍醐味と共に。

メンバーに向かうスタッフの姿、それに呼応するように表情を変え、気持ちを表現していくメンバー、「うちではこんな顔しないのよ」と笑う母親たち。そして、そんなさまざまな関わりを一緒に喜んでくれるボランティアさん。「訪問の家」の土台は、まちがいなくあの数年間でつくられた。

あれから三五年が過ぎ、世のなかの変化を目の当たりにしてきた今、改めて思う。

私たちスタッフは、当時、施設長だった日浦さんや課長たちから、あれをやりなさい、このようにやりなさいといった指示をほとんど受けていない。「朋」がつくられたこと自体が、「その人に必要なことをやる、必要なものをつくる」という理念の体現だった。

そうして設立された「朋」のなかで、私たちは、出会った人とどう向き合うか、自分で考えて、悩んで、試して、失敗したらまたチャレンジして、誰かと誰かの関わりに刺激され、そうして〝その人と私〟の時間を重ねていくことができた。

施設長も親の方たちもボランティアさんも、そうした関係ができていくことを、何より大切に思っていたのだろう。制度的にも、昨今の「これがなければ減算（一定の条件を満たしていない場合に、事業所が受け取る介護給付費が減額されること）」のような縛りはなかった。今よりずっとのびのびできたし、おおらかだったと思う。

福祉とは、何らかの生きづらさを抱える人へ提供される、いわゆる支援を指すのか。いや、出会った人と人が互いを思い合う、そしてそこから何かが生まれる、その幸せを感じられることが福祉なのではないか。あの時代の、あの環境のなかで、自身の価値観を育ててもらったことを、私は本当に幸せだったと思う。

人は、気持ちを受けとめられて、心を開く

重症心身障害児者とは、「重度の肢体不自由と重度の知的障害とが重複した状態」と定義され、全国におよそ四万三〇〇〇人いらっしゃると推定される。そのうちの三割強は、病院でもある重症心身障害児（者）施設に入所されており、七割近くが主に家族の介護のもと、地域で暮らされている。

二〇年ほど前からであろうか、呼吸や栄養摂取が困難で、常に健康面の観察と共に何らかの医療的

ケアを必要とする「超重症児」といわれる人が増えてきた。昨今では、「医療的ケア児」と定義され、その生活や教育の保障に向けた法整備がはじまっている。生まれながらに、あるいは出生時のトラブルにより、こうした状態となる人が多い一方、事故や難病等、後天的に重度の障害児者となられる方もある。

以上の医学的な状態像や数字は、全体状況を客観的に示すという意味で非常に重要である。しかし、一人一人、好むことも、表現の仕方も、その育まれ方も、みんな違う。私はこれまで、一人一人のことを伝えたいと思ってきた。そして、その人の心の内が少し見えたような瞬間が、関わる私たちにとって、このうえない喜びとなることを。

裕美さんは、生まれながらに重い障害がある。私が出会ったとき、裕美さんは一六歳。目はトロンとして焦点が定まっていないような印象で、頬も強張っていて、笑ったり泣いたりするのか、とさえ感じた。

介助がなければ、裕美さんは横になった状態ですごす。言葉はなく、声もほとんど聞かれない。そんな彼女とは、父母もそうしていたように、なるべく抱き起こして、介助する人が後ろから支え、同じ目線でものを見たり、手添えで一緒に何かやったりした。

数カ月たった頃だった。はじめて裕美さんの笑顔を見た。いつもの姿勢のとき、裕美さんの前で別のスタッフが作業をしていた。テーブルの上で紙をトントンとそろえるその動作を見て、裕美さんが笑った。何度か繰り返したが、そのたびにフフッと頬を緩ませて笑う。笑顔ってこんなにうれしいもんなんだ……。そのときの光景は今も鮮明に思い出せる。

そのころから、裕美さんは人の動きに視線を合わせ、目で追うようになっていった。人が前でくるくる回ったり、へんな動きをしたりするのを、楽しそうに見て笑う。その笑顔がうれしくて、いろんな人が裕美さんの前で踊るから(?･)、さらにさらに声も出して笑うようになっていった。

一人で横になっているときは、「起こして！」と言うかのように、声を出して呼ぶようにもなった。その声に、「ハイ、ハイ」と誰かが近づき、抱き起こされると、満足そうに声も止む。誰かが来てくれるまで、大きな声を出し続けるのだ。

裕美さんは一人娘で、一家はすべて裕美さん中心に回っている、愛情いっぱいのなかで育った。養護学校時代も、さまざまな取り組みがなされていたと思う。だから、一〇代後半での裕美さんの大変身は、それまでの積み重ねの上にあったのであり、そばでその姿を目の当たりにできた私たちは、幸運だったたと思う。

のちに、裕美さんの母が言っていた。「お母さん」と呼ばれることはないんだ、と思っていた。でも、今は、大きな声でうるさいくらい呼ばれている、と。

一見、何を感じているのか、何に心が動いているのかわかりにくい、そんな人にたくさん出会ってきた。でも、そばでじっとその人の様子を見ていると、感じられる。音、匂い、光、動き、風、温かさ、冷たさ、騒がしさ、静けさ、自分に向けられた声や人のぬくもり、何かに「今、心を動かされた」と感じられることが、必ずある。

だから、「これがおもしろかったんだね」と、〃あなたの気持ちを受けとったよ〃と、返していく。そんな積み重ねが、長い時間を経て、あるいは何らかのタイミングで、その人の気持ちを膨らませていくのではないだろうか。そうして、気持ちが外に向かっていく、心が開いていく……そんなふうに感じている。

社会人として、地域の一員として

「訪問の家」は、現在、障害のある人の日中活動の場、いわゆる通所の事業所を五カ所運営している。ほとんどが、特別支援学校（かつての養護学校）卒業後の進路先として選択され、通所が開始される。障害福祉事業が、施設への入所や通所等について、行政の判断で利用を決定する措置制度から利用契約制度に変換された際、どんな事業を利用して、どこに通い、どんな生活をするか、本人の希望に基づいて本人が選択し、本人と事業所が契約を結ぶということになった。しかし、現実は、本人の障害の状況や事業所の空き状況に大きく左右されている。「選択できている」とはとても言えない。

私たちは、「朋」開設の頃から、学校を卒業して通う場は、その人が社会人として、いよいよ社会に出ていく場であると考えてきた。

たとえ、重い障害があり、いわゆる一般的な就労、賃金を得るための労働ではなくとも、一人の大人として、社会のなかで生きていく拠点であるべきだ。だから、好きなこと、やりたいことを見つけること、人との関わりで自分を表現していくこと、どこでどんなふうに暮らしていきたいかを決めること、それらを、一人一人と共に取り組んでいきたいと考えてきた。

「訪問の家」が運営する日中活動の場は、障害福祉事業の種別としては、「生活介護」事業所といわれる。私たちは、生活上の「介護」だけをしているつもりは毛頭ない。めざすのは、人と人の関わり合いであり、人生に関わっていると思っている。常に困難はあり、叶わなかったこともたくさんある。けれど、そこを大事にすることだけは、貫いていきたいと思ってきた。

地域の課題と向き合い、出会い、交わる

「朋」には、「菓子製造室」がある。本人一人で作業をし、何かをつくることは難しい。けれど、エプロンやキャップを身に着け、クッキーやどら焼きなどの自主製品の製作に菓子製造室に向かうとき、うれしそうだったり、気合の入った顔になったりする。

車いすやストレッチャーの上で、あるいはスタッフが後ろから支えて座位を取り、スタッフが手を添え共に作業する。もちろん本人が寝てしまっていたり、気分が乗っていなさそうなときには行わない。たとえ手添えでも、本人の気持ちがどうその作業に向かっているかは、目つきや表情、身体の力の入り具合等からわかる。

そう、主体は、あくまでも本人、私たちはアシスト役に過ぎない。自分がつくったものだからこそ、販売にも力が入る。買いに来てくださった方とのやりとりに活気のある表情になったり、特にお金を受けとったとき、うれしそうにする人もいる。

アルミ缶の回収、缶つぶしも活動の一つ。分別収集が始まる前の三〇年近く前、近隣に呼びかけ、賛同してくださったお宅を回る活動を始めた。

今は「朋第2」という事業所に分かれたメンバーのなかには、一人で、または少しの介助で歩ける人もいて、スタッフを含めた数人が連れ立って歩いていく。玄関で呼び鈴を押すと出てきてアルミ缶を手渡しし、受け取るメンバーの肩をたたいていつものあいさつを交わしてくださる。外出されているお宅は、門の外に置かれている。夏の暑い日には、汗だくのメンバーに冷たいお茶を用意してくださるお宅もある。

数年前、そんな様子を長年見てこられた地域の方から、日中、高齢化が進む静かな街のなかで、「防犯になっていますね」と言っていただいたことがあった。

途中で座り込む人や少し遅れてついていく人等、それぞれのペースで住宅街を歩くことが、そんな働きになっていたんだと気づいた。すぐに、防犯協会に登録して腕章をもらい、「防犯パトロール」と書いたベストやのぼりもつくった。メンバーは、それらを身に着けると、「行くぞ！」とスイッチが入るらしい。何より、すれ違う方々から、「ご苦労さま」と声をかけられることが、断然増えたという。

暮らしの場の必要性

「朋」ができて数年がたった頃、メンバーのなかには三〇代になる人も出てきた。当然、自宅での介護を担う両親は、五〇代後半や六〇代。長年の介護による心身の不調を抱える人は多く、突然倒れてしまうこともあった。

メンバーは、数年間の日中活動のなかで、自分なりの楽しみや活動、人とのつながり等を、確かに培っていた。それでも、家族による介護ができなくなれば、入所施設に入るしかない。「朋」への通所はできなくなってしまう。

この頃すでに、集団で暮らす入所施設ではなく、少人数で地域のなかで暮らす場としてグループホームが制度化されていた。しかし当時のグループホームは、身の回りのことは自身でできるような軽度の人が対象であり、全介助を必要とし、意思の確認が容易でない人のことは想定されていなかったのだ。

そんな頃に、「訪問の家」最初のグループホームが生まれる。

父が身体介護全般を担っていた女性の「お父さん、お母さん、たいへん。ひとり暮らししたい」という絞り出すような言葉。父が倒れ、一時、施設に入所した別の女性が、文字盤を指して綴った「しせつでくらすなら、ほしになりたい」という言葉。

なんとか本人たちが望む暮らしを実現できないか。多くの人が「実現は難しいだろう」と考えるなか、本人との話し合い、家族との話し合い、施設内の話し合い、横浜市との協議等が繰り返され、一九九四年、重い障害のある人のグループホームが、ついにスタートする。

何もかもが初めての体験であり、実現までの道のりは、決して平坦ではなかった。何かが生み出されるときの、いろいろな人の思いと力の結集。このときのことを振り返るたび、どんなことも簡単にあきらめてはいけないと、熱い思いがよみがえってくる。

第一号のグループホームは、家族も半信半疑で見守るなか、試行錯誤しながら、少しずつ形づくられていった。

入居したメンバーそれぞれは、家族の下でとはまったく勝手の違う日々に戸惑いながらも、その人なりの〝自分の暮らし〟をつくっていった。次第にたくましく顔つきが変わっていったことは、誰よりもご両親が感じていたのではないか。

そして、そんな入居者たちの姿は、次に続く人たちの目標になっていった。第二号、三号と、新しいホームが生まれていった。そして今、「訪問の家」が運営するグループホームは一三カ所となり、一ホームおおむね四人、計五二名の方が暮らされている。

なかには、ときどき実家に帰宅し泊まってくる人もいるが、入居者が誰もいなくなることはない。一三カ所のホームはすべて、三六五日稼働している。この暮らしを支えているのが、ホームのスタッフと一ホーム一五人ほどのヘルパーである。ヘルパーの多くは、前職は福祉関係ではない方や主婦の方たちだ。いわゆる「福祉の専門家」ではない方々だが、各ホームで暮らす四人のことは、一人一人の細かな介助の仕方はもちろん、癖や性格まで、よくわかってくれるようになる。どんどん親身になってくださるのだ。

二四時間三六五日の暮らしは、当然のことながらいろいろなことが起こる。入居者の誰かが体調を崩して入院すると、いつもいる人がいないことで不安定になってしまう人もいる。入居者の家族が亡くなったときには、その人の気持ちを思い、自分の家族が亡くなったときのことも思い出し、みんなが悲しい夜を過ごしたこともあった。

年末年始は実家に帰る人もいるなか、誰も帰らないホームでは、年越しのカウントダウンをし、新年の乾杯、元旦には揃って近所に初詣に行く。それぞれの個人旅行やコンサート等の外出は、他の人も応援し、送り出し、お土産とお土産話で盛り上がる。生活を共にするメンバー同士、そしてスタッフやヘルパーも含めて、本当の家族ではないけれど、家族に近い存在になっていく。

やまゆり園事件、その衝撃のなかで

二〇一六年七月二六日早朝、あの事件は起きた。朝一番のテレビが衝撃のニュースを伝える。胸に重い何かが沈みこんだようなあの一日と、信じがたい事実が明らかになっていった数日間のことを、忘れることはない。忘れてはならないと思う。

犯人は「意思疎通のできない障害者はいなくなった方がいい」と主張した。何をもってその人の意思というのか。言語的な表現で意思を伝えるのは難しい人たちと長く共に過ごしてきた私は、「意思疎通できない人なんかいない」と確信している。だが、それは、この社会全体の「あたり前」ではない。それを突き付けられた気がした。

事件以降、頻繁に取り上げられるようになったワードがある。「意思決定支援」と「地域共生社会の実現」だ。

○意思決定支援とは、自ら意思を決定することに困難を抱える障害者が、日常生活や社会生活に関して自らの意思が反映された生活を送ることができるように、可能な限り本人が自ら意思決定できるよう支援し、本人の意思の確認や意思及び選好を推定し（中略）事業者の職員が行う支援の行為及び仕組み（二〇一七年三月、厚生労働省「意思決定支援」ガイドライン通知より）

○地域共生社会とは、制度・分野ごとの『縦割り』や「支え手」「受け手」という関係を超えて、地域住民や地域の多様な主体が『我が事』として参画し、人と人、人と資源が世代や分野を超えて『丸ごと』つながることで、住民一人ひとりの暮らしと生きがい、地域をともに創っていく社会（二〇一六年七月、厚生労働省「我が事・丸ごと」地域共生社会実現本部資料より）

事件後、「訪問の家」へ、テレビ局や新聞社からの取材依頼が相次いだ。「訪問の家」のメンバーに、一般的に意思決定困難と思われる、重い障害の人が多いこと、そして、そういった人たちが地域のなかで長く活動を続けている、というのが理由だ。

はじめて取材依頼を受けたとき、とても悩んだ。事件についてなんらか発言することは私にはできそうもない。それほどに衝撃を受けていた。でも、私たちの街では、障害のあるメンバーが、地域の人たちと直接関わり合い、さまざまなことを感じさせ、地域の人たちと一緒にこの街の空気をつくってきた。それを多くの人に伝えることは、他ならぬ障害のあるメンバーみんなの役割ではないのか。悩みに悩んだ末、取材を受け入れた。

取材先のほとんどは、通所し日中活動をする場である「朋」や隣地の「サポートセンター径《みち》」と、「グループホーム」だった。一日あるいは数日間、活動や暮らしに密着し、メンバーがまわりの人とどのように気持ちを往き交わしているか、地域のなかにどのように位置づいているか、そういった視点でまとめられていった。

幸子さんのことば

グループホームで取材に応じた幸子さんは、「訪問の家」がグループホームをはじめるきっかけになった人の一人だ。幸子さんが汗だくで文字盤を指し、あるいは問いかけに左手を挙げてこたえる様子、一つ一つ幸子さんに問いかけ、彼女の意思を確認していくスタッフとのやりとりは、記者に強い印象を投げかけたようだった。

幸子さんが、身の回りのほとんどすべてを人の手に委ねねばならない現実のなかで、うまく伝わらないもどかしさも感じつつ、伝えることを、さらには夢をかなえることをあきらめない姿は、確かに見聞きする人の心を動かしてきた。幸子さんは、あの事件を、どう受け止めているのだろう。

事件から四年後の二〇二〇年七月、テレビの特番が組まれ、再び「訪問の家」の取材映像が流れた。

番組を見た後、幸子さんは、「グループホーム　やめない」、「ことば」と指したという。ここ数年、幸子さんは文字盤をうまく指せなくなっている。それでも、幼い頃に父がつくってくれた文字盤で自分の「ことば」を伝えること、それが彼女を支えているようにさえ思える。

幸子さんに声をかけてみた。「番組を見て、どんなことを思ったの？」と聞くと、彼女は、ずっと声を出し、泣き続けた。このとき、幸子さんは、文字盤ではなく、問いかけに手を挙げてこたえる方を選んだ。だから、確実には、彼女の気持ちはわからない。涙をこぼしながら声を出し続ける彼女の姿から、その気持ちを推測し、尋ねていく。

私は一五年ほど前のことを思い出していた。私が一時「訪問の家」を離れ入所施設に移っていたとき、施設の職員を幸子さんの暮らすグループホームに連れて行ったことがあった。部屋に入るなり、私たちを待ち構えていたように、幸子さんは側臥位からがーっと手を伸ばし、文字盤に向かった。

一文字一文字、一心不乱に指していく。「わたしは　ぜったいに　グループホームでくらしたい」、「しせつのみんな　くらし　できる」。私は、「施設に入所している人も、幸子さんのような暮らしができるよって言ってるの？」と尋ねた。左手を高く上げて(そうだ！)とこたえる。

彼女とのつきあいは長いが、彼女のなかにこんな感情があることを、私はこのときはじめて知った。自分のことだけでなく、〝しせつのみんな〟のことを伝えた幸子さんに、私は驚き、感動し、涙が出てどうしようもなかったのを覚えている。最後に幸子さんは、「がんばってくれ」と指した。施設にいる人だけでなく、誰もが幸子さんのように生きられること、それはその後もずっと私の目標であり続けた。

時計の針をもとに戻そう。番組を見て、泣き続けた彼女に「『しせつのみんな　くらし　できる』あのときと同じ気持ちなの？」と尋ねると、手を挙げて、さらに大きな声を出して泣いた。「なんで殺されなくちゃならなかったんだ‼」、私には、そう叫んでいるように感じられた。

幸子さんは、喫茶店をやることが若い頃からの夢だった。今、「サポートセンター径」の玄関横にあるコミュニティコーナーでコーヒーサービスをしている。幸子さんの前にある三つのボタンを押すと、「いらっしゃいませ」「セルフサービスです」「ありがとうございました」の音声が流れる。これは、湘南工科大学との「福祉ものづくり」協定により、学生さんが製作したものだ。幸子さんはそうやって接客をしているのだ。

ホームの自室には、四〇年来のファンである松山千春のポスターを飾り、曲をかけ、コンサートへも毎年出かけている。夢を描き、それを伝え、夢を叶えることを決してあきらめない幸子さんは、その生きる姿で社会に語り続けている。「意思のない人なんかいない。私はここで生きている。みんな一生懸命生きている。一緒に生きていこうよ」……私には、そんな彼女の言葉が聞こえる気がする。

身近な存在として

「訪問の家」が栄区桂台の街に仲間入りし、三五年の月日が流れた。

現在、栄区は、横浜市一八区のなかで最も高齢化率の高い区である。一方、高齢者のなかの介護認定を受けている人の割合は、一八区で一番低い。元気な高齢者が多いということだ。

五年前、桂台の方々は、この街を「花と緑にあふれ、教育と福祉も豊かな、住みたくなる街にしよう」と、横浜市の『地域緑のまちづくり事業』にエントリーし、助成を受けて活動を始めた。このとき、「『訪問の家』も、いっしょにやりましょう」と声がかかり、「朋」、「径」、「桂台地域ケアプラザ」の庭や植栽をきれいにしていただいた。

こうして、小学校、中学校、保育園、バスの転回場所等と共に、緑のまちづくりの〝センターゾーン〟となった。なかでも、「朋」の庭は「ともガーデン」と命名され、花と緑を愛でながら地域の人たちが集う場として、この事業の重要な一角と位置付けられている。

かつて、私たちの施設は「文化施設ならいざ知らず、障害者施設は(この街に)なじまない」と言われた。今では、「福祉が豊かであることがこの街の特徴」「街づくりをいっしょに」と言われるようになった。これは、まちがいなく、障害のあるメンバーたちの力である。

隣の小学校との交流は、一〇年以上前から、年に一度こちらが招待される交流会ではなく、学級単位で児童が私たちの事業所にやってくる形にかわった。一年生だけは別の法人が運営する特別養護老人ホームだが、二年生は「桂台地域ケアプラザ・デイサービス」の高齢者と、三・四年生が「朋」、五・六年生が「径」と、それぞれ年間を通して交流する。

毎年度のはじめ、小学校の先生方と各施設のスタッフが集合し、一年間の交流テーマを決めていく。一年かけて一緒に演劇を完成させたり、楽器演奏をしたり、作業に入ってもらったりする。「朋」のメンバーが使う楽器を手作りしてもらった年もあった。

「朋」メンバー一人に対し、児童二、三人で担当してもらう。何回か交流するうち、児童たちが「〇〇さんは、こういうのが持ちやすいよ」と話し合っていたこともあった。ある児童は、家にある筒状のものに豆や米を入れて音を鳴らし、何がいい音がするか試してくれた。その様子は、児童のお母さんから先生へ、そして私たちへ伝えられた。障害のある人のことが、あたり前に家庭の話題になっているのだ。

小学校卒業後、児童たちのほとんどが反対隣りの中学校に進む。中学校とは、生徒会や福祉委員を中心に、「朋」、「径」と交流する。「径」の「ゆめのパン屋」のパン販売も長く続いている。月一回、生徒会が事前にパン券を販売してくれ、「径」メンバーが学校へパンを持ち込み、パン券とパンを交換するのだ。「径」のパンは、中学校の体育祭のパン食い競争にも使われる。「径」メンバーが体育祭に出向き、一レースごとにパンを付けたり、ゴールテープを持つ裏方も担う。

以前、「朋」のメンバーが入院した病院で、看護師さんの一人が、「私は、桂台中学校の出身です」とメンバーと母に声をかけてきたことがあった。そしてその看護師さんは、「中学校のときに『朋』と交流して、人の役に立ちたいと思って看護師になりました」と話してくれた。

三五年間で、どれほどの児童生徒がこの学校を卒業したことだろう。実は、そのなかに、「訪問の家」の職員になっている人が何人かいる。

大学で福祉を専攻したという職員は、大学の友人や先生にも、「そんなに重度の障害の人は地域にはいない」と、自分が育った街のことをなかなか信じてもらえなかったそうだ。だけど、その職員にとって、重い障害がある人の存在は、〝ふつうのこと〟だったという。

「『朋』の人たちの表情の違いがわかったときはうれしかった。もっとわかるようになりたいと思った」

そして、彼女は、この仕事を選んだ。こうしたエピソードを聞くたびに思う。人が人として育っていく時期に、障害のある人を身近な存在として自然に受けとめられるということが、どれほど大切であるか。

贈り合い、受けとり合う

「朋」開設当時を、ボランティアとして支えてくださった方々は、年月を経て、家族の介護に携わるようになったり、ご自身が見守りや介護を必要とするようになられている。

「訪問の家」が運営する「桂台地域ケアプラザ」は、住民の活動の後押しである地域活動交流事業、居宅介護事業（ケアマネージメント）、地域包括支援事業、通所介護事業（デイサービス）等を実施している。かつてボランティアとして活躍くださった方が、「ぜひ、『訪問の家』でお世話になりたい」と、ケアプラザを訪ねられることも少なくない。

「朋」ができるときに、自分の住む〝地域〟を意識するようになり、ケアプラザを拠点に、地域活動を続けている方もいらっしゃる。ご主人の介護の合間に「朋」を訪れ、「元気をもらって、また頑張ります」と、車いすを介助しながら笑顔を見せるボランティアさんもいらっしゃる。この地域に住む重い障害のあるお子さんのお母さんは、「この街にいて、見捨てられるわけがないと思っている」と話された。

長い人生のなかで、誰かを支えるときもあれば、支えられるときもある。また、支えているようで支えられていたり、支えられているようで支えていたりすることもある。その垣根が低いことを、「気にかけ合う＝ケアする」というのではないだろうか。

二〇二〇年から二〇二一年、私たちは、新型コロナウイルスの脅威のなかで、人と人が実際に関わり合うという、これまで大切にしてきた活動をすべて取りやめざるを得なくなった。かつて経験したことのない不安、閉そく感、寂しさ等を味わいながら、一方で、これまでつくってきた人と人の関わりが、どれほど重要であったかを再認識させられてもいる。

この一〇年程を振り返ると、コンプライアンスや自己責任論等が台頭し、例えば、〝多数派〟の列をほんの少し外れてしまった人を、一斉に攻撃するような空気が、いつのまにか蔓延している。私たちは、誰にとっても決して生きやすいとはいえない社会をつくってきてしまったのではないか。

私にできるのは、障害のある人がどんどん外に出て、いろいろな人と関わり合う場を守ることだ。その普遍化を志向し続けることだ。重い障害のある人たちは、人間とは何か、生きるとは何か、人と人が関わり合うとは何か、それらを人々に問いかける。言葉でなく、静かに心に溜まっていくような温かさとして。「贈り合い、受けとり合う」その営みの確かさを胸に、これからもみんなと生きていこう。

第６章

子育てスタート期の「ちょっと助けて」に手が出せる人を増やすケアの実践

原　美紀◎認定ＮＰＯ法人びーのびーの事務局長

自分を責める母親たち

わが横浜市港北区は、未だに出生数が増えている、全国的にはめずらしい区だ。国の法定健診として定められている生後四カ月、一歳半、三歳児健診では、一回の開催で、約一〇〇組の親子が集まるのがふつうだ。

二〇二一年の年頭のある日のことだった。区役所の保健師さんが、雑談のなかで、直近の生後一歳半の乳幼児健診時のことを話してくれた。

近年、発達上の経過をより配慮して見ていかなくてはならない子どもが毎年微増している。受診者の約四割、一〇人に四人は、親に対して「子どもの定型発達に心配がある」と告げられているのだが、その日の一歳半健診では、保健師たちからその率が五割以上に及んでいるという声が一様にあがり、みながその事実に驚愕した、と。

以上は一歳半健診ではあるが、新型コロナウイルス感染が発現した時期に生後三カ月くらいだった子どもたちの発達結果でもあった。四六時中のマスクで表情が読み取れない、密を避けるために集団遊びができない、公共の場で遊びこむ体験が積めないなど、早くも感染時の余波、育ちの保障についての課題があらわれているように思えた。

一般的には、一歳半でなにか指摘されても、「経過を見ましょう」と言われるだけで、二歳過ぎにならないとその後のフォローは受けられない。親たちはそれでも、「わが子がもしかしたら…？」という不安に押しつぶされそうになる。親子にとって二度とその子にとって戻ってこない大事な幼児期を不安のまま過ごすことになるわけだ。いわゆる療育的支援、発達診察に至るまでの「待機」と言われる、親にとって非常に苦しい時間である。

この間、親を支えるのはネット情報であり、自閉症スペクトラムチェック表で子どものあらゆる行動観察に過敏になっていく。「子どもらしさ、のびのび育つ力が大事だから」などの周囲のアドバイスなど、到底、受け入れられるはずがない。

この時期は、誰と、どこで出会えるかで、家族形成のあり方が左右される、重要な時期でもある。だが、このコロナ禍で避けられない負の影響を受けた親たちは、「こんな時期に妊娠出産してしまった」と後悔し、まるで自分が過ちを犯したかのようにさいなまれている。それだけではない。妊娠中期になっている妊婦のなかには、これから産み育てることに対して絶望的な心境になる人もおり、産前からうつになっていく妊婦も散見されている。

子どもが胎内で成長していく妊婦時代は至福のときだ。それなのに、その一〇カ月を不安と恐怖で過ごさざるを得ない妊婦へのフォローに日々追われているのが、私たちの悲しい現状である。

出産と子育ては「戦い」でいいのか？

未曽有の少子化が進むなか、子ども・子育ての支援制度が急激に変化してきている。合計特殊出生率が一・三四になり、出生数が一〇〇万人を切ってからの落ち込みのスピードは予測より早く、二〇二〇年は八四万人。さらに二〇二一年は七〇万人になってしまうのではないか、と危惧されている。先行きが不透明なこの時代、子どもを産み控える傾向はこれからも続くだろうと私は思う。

「集団のなかで子どもが育つ方が言語発達は促される」「母子だけでいるとコミュニケーション力が弱まる」といった情報におびえ、心配が先行してしまうのだろう。私たちの子育て支援拠点に初めて訪れる人の第一声は、「うちの子、大丈夫ですか？」「早くから保育園に入れて集団で遊ばせた方がいいですよね」という確認、相談である。

「ちゃんと子育てしなくてはならない」「この子の将来は自分が何とかしなくてはならない」「自分はもっと良い母親になれると思っていたのに…」という気負いや不安はよく聞く声だ。子どもの養育責任を回避する「ネグレクト」が多くなってきていると言われる一方で、逆に「子どもに関わるすべての責任は、親である自分が負うものである」といったように、莫大な重荷を背負って親になっていく人も多い。

私が現在、活動している「地域子育て支援拠点事業」では、主に未就学児の親子、より正確には、未就園前の親子（親に限らずその日の養育者）が一緒に来られる「子育てひろば」の運営を活動の主としている。いわゆる児童館の乳幼児版のような、常設の子育て支援センターだ。

利用者は年間三万人強、一日平均（新型コロナ感染の前）で約七〇～一〇〇家庭が訪れている。また、居場所機能のほか、相談機能や情報発信、一時預かりのコーディネート事業なども担っている。就労家庭が年々増えてきた昨今では、利用者の八割を〇～一歳児の家庭が占めている。

約一五年間の活動をとおして、〇～三歳を当センターで過ごした子どもたちの就園状況を見てみると、幼稚園と保育園の希望者は半々だったのが、今ではほとんどが保育園希望の家庭となっている。わずか一五年間でも、親の働き方や子育て観の志向は、大きく変容しているのだろう。

一方で、選択肢が多様になった分、自己選択が子どもの将来を左右することへの不安や責任の重さに向き合えない親も増えている。横浜市では、今年（二〇二一年）二月の保育園第一次利用調整の結果、需給率は〇・九六と一を切ったものの、まだ北部の港北区では待機児童が多く、保活への熱量は増すばかりである。

保活の大変さを表す話がある。実際の居住環境・生活環境ではなく、園ありきで住まいを決めるのはめずらしくなく、出産予定を早めるために帝王切開の計画出産に切り替える、希望の候補園を申請書裏面まで三〇園以上書き連ねるなど、エピソードはいくらでも出てくる。

というより、保活以前に、出産できる産院を確保するところから激戦レースは始まっている。毎年、出生数が当区だけで三〇〇〇人以上いるにもかかわらず、労災病院の基幹型総合病院をのぞくと、入床ベッドが一〇に満たない産院が区内に三院しかない。生理不順の人にとっては、妊娠初期に予約することさえ困難な状況で、自ずと里帰り出産を余儀なくされ、大事な産前産後の時間をパートナーと分かち合うことができない夫婦は多い。

婚活、妊活の末、やっと授かった命を安心して産める環境とは程遠く、子育てに入る世代は、保活が無事に終わっても、仕事と家庭を両立すべく延々と走らされる。ようするに、すべてが激戦という状況のなかで、「戦い」として子育てをせねばならないのである。

子どもを持とうと思えない社会

不思議な話がある。保育園での慣らし保育は四月にスタートする。「せっかく二時間預けられたのだから、コーヒー一杯でも飲んでおいでよ！」と伝えるのだが、その人たちは、子どもを保育園に送ったあと、そのまま単身で拠点を訪ねて来る。そして、ボランティアをしながら数時間、スタッフと話し、わが子を思い出すかのように他児を抱っこしてから迎えに行く。親子で毎日のように通い続けてきた日々、子と離れたことからの虚無感が原因なのであり、新しい生活に踏み出す親自身、自分の気持ちを立て直す時間が必要なのである。

思春期、青少年期で起きるさまざまな課題が、乳幼児期の親(母)子愛着形成のあり方に起因するという指摘がある。もし、そうした議論をしたいのなら、スタート時点から全力疾走せざるを得ない乳幼児期の子育て支援のおかしさをもっと真剣に考えるべきだ。

いや、それ以前に、家族機能が小さくなっていき、経験も見本もなく、助けてくれる人も具体的に動いてくれる人もいないのが現状である。この過酷な環境のなかで、乳幼児期の子育てのあり方が社会の健全性のバロメーターのごとく語られるのでは、親(母)に「緊張感」を与えすぎてしまう。子どもへの愛着は、親子だけで形成できるものではない。常に第三者の評価や承認、「よくやっているよね、頑張っているね」の一言があって、子どもの可愛さを一緒に共有する人がいて初めて、愛着は培われていく。

こんな数字がある。自分が育った区町村で子育てできない層が全体で七割、横浜市では八割に達している。いわゆる「アウェイ育児度」だ。「アウェイ」で子育てするのではなく、誰もが産んだ土地である「ホーム」で子育てできるように変えることは、地縁、血縁のない子育て家庭層の力だけではなしえないことである。

全国自治体が四年に一回策定している「次世代育成支援行動計画」に合わせて、計画策定の参考になるという理由で実施されている「子ども子育てニーズ調査」がある。横浜市も、〇～三歳児を持つ乳幼児家庭三万人の無作為調査結果を公表しているのだが、二〇一九年度の調査のなかに「我が子、第一子が生まれるまでに自身の子どもの世話の経験があるか?」という質問がある。

回答を見てみると、約七五%の親たちが「経験が無い」と答えていることがわかる。この率は、ほんの一〇年前は二人に一人、約五〇%だった。今では、子どもに触れて親になるという経験を持てない人が四人に三人に達していることになる。

ただでさえ、少子化で子どもの育つ風景が見られなくなってきているなか、子どものいる生活イメージが持てない人たちが多数になっている。おまけに、子どもに関する虐待事件やネガティブな報道があちこちで目に付く。これでは、積極的に子どもを持とうという意思が働かなくなるのも当然である。

民間型初の「子育てひろば」の誕生

「びーのびーの」という名の「子育てひろば」は、こうした状況に対する危機感から生み出されたものだった。

「びーのびーの」は、横浜市一八区の最北端、東京都に面している港北区に特化した活動で、今年でちょうど二〇年を迎える。横浜市は行政区として区議会を持たず、三七〇万人もの人口を有する最大規模の政令市である。そのため、行政サービスで足らない部分を市民レベルの自助や共助で補うカタチの市民活動がもともと盛んな自治体だった。

今から二十数年前、介護保険制度が導入され、高齢者に対する社会的支援が動き始めていた。これと同じ頃、一九九〇年の合計特殊出生率が一・五七と、過去最低となった（いわゆる一・五七ショック）のを契機に、高齢者支援の次は子育て支援という機運が高まっていた。

一九九四年の「エンゼルプラン」に始まり、少子化対策の一環でさまざまな計画や対策が講じられ、

「地域での子育て支援」が叫ばれるようになっていった。当時は、子どもへの支援には、幼稚園・保育園の資源しかない状況であり、ひいては横浜市には児童館がなかったこともあり、就園前の親子が気軽に集える場所は乏しかった。

みなさんもご存知だと思うが、当時「公園デビュー」という言葉が流行っていた。ところが、頑張って母子で公園に出かけて行っても遊んでいる集団の輪に入れず、排除されている感覚を覚える人が多かった。前述の子育てに対しての否定的意識（＝コミュニティにすぐになじめない、親子が孤立してしまう）が社会現象として端緒的に見られていた。

こうした社会課題を解消するために、全国社会福祉協議会が虐待予防を目的とし、町内会館や自治会館を活用して子育てサロンを始めた。また一九九二年以降になると、東京都武蔵野市吉祥寺や江東区のように、廃園した幼稚園や区の行政出張所跡地などを再活用、公設民営としてリニューアルし、子ども家庭支援センターとして活動を始める市町村が出てきた。時を経て、在宅子育て家庭を主たる対象としつつ、常設された居場所が親子の集う場として機能し始めるなか、横浜市でも、親子が気兼ねなく集える場所を求める声が高まっていった。

一方、当時の横浜市の地区センター（他市町村で言えば公民館に相当）などの区民利用施設では、飲食厳禁のところが多く、乳児に授乳ができたり、乳児を安全に寝かせられたりする環境が整っていなかった。戸外で遊べる年齢に満たない乳幼児を持つ親たちは、同じ境遇の親どうしでゆっくり情報交換することすらできず、商業施設で長い時間を過ごす人も多いというのが実情だった。

隣接の東京都には既に専用の施設があり、多くの利用があるにもかかわらず、横浜では児童館すらないという窮状……これに業を煮やした子育て中の親たちは、二〇〇〇年に一堂に集い、常設の居場所を求める運動を始めた。当事者である親が自主的に場所を借り、組織を立ち上げ、場所を求め署名や投書などの手段で声を挙げた。活動団体の数も増えていった。今振り返ると、子育て当事者が自ら立ち上がって場の必要性を求めた、という点で、二〇〇〇年は大きな節目だったように思う。

他の自治体が子育て支援を公的な事業として始めつつあったこの頃は、横浜市は待機児童対策に躍起になっていた時期であり、人口急増にあわせて小学校、中学校増設の義務教育機能を充実させることに手一杯な時期でもあった。

ただ一方で、子育て不安は、むしろ就労家庭より在宅家庭のほうから高まっていた。児童館もなく毎日、スーパーと公園と自宅を行きかうしかない親子が多く、親の就労の有無によって、未来を支える乳幼児の子どもたちの過ごす場所が変わるという深刻な実態があった。

社会保障給付で見ると当時は例えば、〇歳児で公立保育園に通っている子どもには、月額、家庭側が平均的に負担している費用の四倍程度が公費で保障される。ところが、たまたま保育園に入れなかった、もしくは在宅で子育てすることを選択した家庭の子どもには、児童手当五〇〇〇円相当しか充当されない。

それだけではない。保育所に入所できたら、専門性ある保育士が土と水と光を確保しながら、豊かな自然環境のなかで子どもの育ちをしっかり保障していく一方で、在宅子育て家庭には地域のなかで

写真①　認定NPO法人びーのびーのホームページより「おやこの広場びーのびーの」外観写真

「食べる・寝る・遊びこむ」ことさえ保障されていない。こうした差をせめて軽減できないか、ということで、当事者の親たちが立ち上がったのである。

私たちは、まずはわが子のために、自分たちでやれることがないか模索した。そして、前年度に制定されたＮＰＯ法を活用し、また、介護保険事業での先例に学びつつ、あえて任意団体でなく、法人化を選ぶこととした。乳幼児の居場所づくりを一〇年先をしっかり見据えて地域の環境づくりにつなげよう、という決意のもと、常設の場所を民間で借り上げてスタートしたのが「おやこの広場　びーのびーの」だった。わずか二〇坪の商店街の一角にできた、子育てひろばの誕生である（写真①）。

びーのびーの構成員メンバーは立ち上げ以来、入れ替わりながらも、現在でも、常に九割が地方出身者である。横浜市北部はやはり転入者が多い特性があるが、転入者だからこそ、地方で自分が育った地元での子育て環境との違いを体感していること、また良い意味で根強い固定観念や慣例にも縛られず、あったらいいな、をカタチにしていこうと思える力、アイディアが蓄積されていく気運がある。活動を通して、アウェイをホームに変えていっているという実感を各人が持つことで、地元意識への愛着を深めるという好循環が続いている。

ネットワークの力が産んだ全国への拡がり

「びーのびーの」が横浜市北部に産声を上げる前年の一九九九年、「子育てが楽しいまち横浜委員会」が発足し、二〇〇〇年には「子どもを中心とした地域づくりシンポジウム」が開催された。「ゆめはま2010プラン5ケ年計画（二〇〇二年～二〇〇六年）」策定に向けて、「横浜での子育て環境に欲しいこと」をテーマに、子育て中の親子の生の声を集めるためのプロジェクトが立ち上がった。これが、市内一八区の子どもの育ちや子育て期の親を応援する、ゆるやかな市民ネットワーク、「よこはま一万人子育てフォーラム」の原点であった。

このプロジェクトには約七〇〇〇もの声が寄せられ、これを「市民提言書」としてまとめたものが横浜市に提出された。寄せられた提言の多くは「親子の居場所が足りない！」という内容だった。その後、市の実態調査を受け、共同調査結果として、市域四ブロックで報告フォーラムを開催した。ここで生まれたのが「よこはま子育て支援のツボ！」である（写真②）。この報告書は、一八区の子育て支援の状況や、親子が行きやすい施設のランキングなど、「もっとこうなったら嬉しい！」という、当事者の目線で作成されたものであった。

写真②　自主的に編集された提言報告書

運動が高まりを見せるなか、市民活動の一環として、横浜市の子育て当事者が一方的に行政に要望するだけではなく、子育ての当事者や経験者、地域のキーマンが連携し、自らの手で、自分たちが望む場づくりに力を注いでいった。

巨大都市の一区にわずか二〇坪の場があっても、何の手立てにもならない、かつ、区の境に住む人にとっては、生活圏は行政区で分けられるものでもない。二〇〇二年に国庫補助事業として「親と子のつどいの広場事業」が誕生したときには、モデル一カ所だけでなく、設計予算を分割してでも、同じ事業としてスタートを切れるネットワークでの共同成長を追求すべきだと考えた。その結果、「びーのびーの」のある港北区を含め、市内三カ所が選定された。

その後、二〇一四年に「地域子育て支援拠点事業」に指定され、同時に、児童福祉法改正を受けて、社会福祉法における第二種社会福祉事業として、また、子ども・子育て支援法のなかの一三事業の一つとして位置付けられた。

全国に目を向けると、廃校した跡地や閉店した商業施設をリノベーションしたり、ときには、神社寺院と併設したりしている場合もあった。一般には、福祉保健センターの行政施設と合築のところが多いようだが、役所の用事の際に一時預かりを利用する、もしくは子育て情報の収集のために相談に立ち寄るなど、運営形態は多岐に渡った。

乳幼児の親子が集う場の必要性を感じた実践者たちが、全国、津々浦々で、自らの課題を認識し、情報交換をつうじて子育ての質的向上をめざそうと動き出した。当初は手弁当で交流の場を創っていたが、数の拡がりとともに、全国をブロック分けしてその代表者たちが集い、「子育てひろば全国連絡協議会」として法人化されるに至った。

第一回目は横浜からのスタートだった。その後は、厚生労働省と開催自治体が共催で、毎年一回「実践者交流セミナー」を開催するようになった。研修事業の一環として行われるこのセミナーでは、市町村ごとにあるセンター、拠点の現場を視察することがセットとされた。

熊本県で開催された際には、こんなことがあった。支援センターは丘の頂上にあったのだが、畑のどまん中に立ててある防災無線用のスピーカーから「お昼です！　今日は支援センターで豚汁を作って待っています、お米を持参で今から集まってください！」という放送が聞こえてきた。家々から食べ物を持ち寄り、子育て家庭が集まって談話し、交流している。三世代同居の嫁の立場を考慮して、公に呼びかければ、大手を振って家を出られる、そんな口実のためだとも聞いた。地方にこそ、大いに学べる実践交流があるのだ。

公的助成と自主性のはざまで

以上のように、子育て当事者たちは、自ら必要と思うものをネットワーク化し、連帯しながら提言をつづけてきた。事業はこれらがカタチとなってできたものであり、それだけに、横浜市の地域子育て支援拠点の一カ所目としてモデル事業を担った「びーのびーの」には、強いこだわりがあった。それは、単なる請負業として委託を受けるのではなく、行政との契約においては民間協働型施設として位置付け、「協働契約書」という契約の形式で話を進めることだ。

契約書には「目指すべき姿」と「振り返りの視点」と「甲乙の行動目標」が書き込めるようになっている。そして、年度ごとに自己評価、相互評価を行い、これを市民に公開する。こうした契約形式は、横浜市全庁を見渡しても、珍しい取り組みである。

吹けば飛ぶような小さな子育てひろばだった「びーのびーの」は、一〇〇%の自主性でスタートした。だがその後、私たちは、市からの委託を受け、大きな施設運営を横浜市モデル事業として担うことになった。

このプロセスでは大いなるためらいがあった。ともすると管理運営になりがちな公的支援施設だ。自分たちがやりたいことが継続できないのではないか。たしかに、常に自転車操業だった運営面では楽になるかもしれない。でも、自分たちの主体的な活動がいつの間にかサービスの受け皿になり、矮小化されるのではないか。たった一人のためでも動ける自分たちでいたい、という思いと、何百人のニーズに対応できる場合にしか一人が動けないという、公的支援の行動原理と折り合いがつくか……さまざまな葛藤があった。目的にある「みんなのための広場を目指します」は、結局は「誰のための広場にもなりえない」のではないかと、当初、大きな懸念があったのである。

私たちは、仮に公的助成が法人運営で大きな比率を占めたとしても、NPOとして、提言力、自由性を担保するために、ちょっとした困りごとや顕在化していないニーズに即座に対応するために、常に次なる時代を描ける可能性に先行投資していける余力を持っていたいと思った。子育てには正解がなく、常に小さな困りごとが山積している。くわえて、家族内での問題として捉えられがちで、親が親であることの規範に束縛されがちな営みでもある。だからこそ、常に旧来型の発想を打ち破っていくことが、ミッションでなければならないと考えたのだった。

委託事業としての「公的子育て支援拠点（子育て支援センター）」の運営の一方で、同じく「びーのびーの」が運営する発祥事業である「菊名ひろば」は、子育て当事者が「自分にとってかけがえのない、失いたくない場」という認識のもと、利用料を払って通ってきてもらっているという認識でいる。

私たちは、この利用料は「施設維持分担金」の意味合いで払ってくれていると解釈している。利用料は、活動趣旨に賛同、参画する意志表示として払われる協力金のようなもので、場の継続・運営を自分たちが土台から支えているという感覚が利用者にはある。その意味で、本来、子どもの育ちや居場所活動こそ、公的保障として拡充されていくべきかもしれないが、一方で、公的助成とバランスをとりながら、マニュアル化せずに、自主性・自立性を担保していくことが大きな課題なのである。

なぜ「協働契約書」なのか？

「びーのびーの」は、山ほどの新しい出会いや強い相互援助の関係が生まれた一方、葛藤や迷いやリスクも発生する、生きた場、あえていえば「カオス」だと思う。

当初は、自分たちの子育てのために欲しかった場だったが、半年もすると、常設ゆえに、さまざまな人がさまざまな用途、ニーズ、相談をもって訪れた。「駅の階段をエレベーター化する活動をしたい」「自分にこんなスキルがあるからここに通う親（もしくは子ども）に教えたい」「孫はいるが遠くに住んでいるのでぜひボランティアしたい」「保育士希望なのでここで勉強したい」……わずか二〇坪の小さな場だったが、人・物・情報が行き交う場になり、地域のよろず相談所のようになっていった。

私たちは、わざわざ行政窓口のカウンターに相談に行くのではなく、生活の場のなかで、雑談のなかで、解決できる問題が大半であることを体感していくようになった。何かあったときに出番となるのが専門職なのではなく、地域で受け止めてくれる場があり人がいて、日常生活でそれらをコーディネートする存在こそが専門職ではないか、そう感じる。困難ケースに陥らないための予防をしている「日々の関係」があってこその専門職なのである。

他愛もないおしゃべりの有用性、話すこと自体が目的であり、つぶやきを承認していく場を堀聡子はセミフォーマルな「社交の場」と定義づけている（堀聡子「『子育てひろば』における母親たちの社交——横浜市港北区の事例から」）。語ることで、自分の子育てを振り返り、自己をモニタリングして、親としての自分、この地域に住む自分の立ち位置を確立していく、そのための場である。相談援助のように、一方的に自己開示して聞いてもらうのでなく、相手の開示も受け止めつつ、その呼応関係のなかで、自己のアイデンティティを再認識していく「共感空間」なのである。

子育て当事者からの施策提言が実を結び、誰もが無料で気軽に行ける公的支援施設に拡大発展されたことには意義がある。だが同時に、公的施設だからこそ、マニュアル化されたサービス型にならないための具体的行動指針が必要である。

それは、施設側だけでなく、むしろ利用する側からの自主性が保障されること、地域、市民からの提案を受け、それを応援することに徹することができる覚悟を施設側が持っていること、そして、その「対等性」を契約上で担保する手段、それが協働契約なのである。

今では横浜市一八区一八拠点の子育て支援センターすべてが、この協働契約を行政と締結している。「甲乙の役割分担表」によって、お互いが傍観者でなく、前例に基づかないで単年度ごとにどんな汗を流せるか、そのための創意工夫を語り合うツールとなっている。

協働契約は、横浜市の市民協働条例に位置づけられているもので、横浜コード六原則、①対等、②自主性尊重、③自立化、④相互理解、⑤目的共有、⑥公開の原則、が基本となっている。事業ごとの役割分担表を、行政と拠点運営法人で単年度ごとに見直し、目まぐるしく変化する子育て家庭の志向や動向、社会的ニーズに対して、中長期的な見通しを立てながらお互いにできることの「共通言語」を見出し、それらを市民に公開する、こうした開かれた活動を行うことを主眼としたものである。

従来の横浜市市民活動推進条例が改訂され、二〇一三年に横浜市市民協働条例が施行された。その第一一条に盛り込まれた「自主事業」では、協働契約に則り、相乗効果を発揮する事業については、提案型で事業を実施できるようにもなっている。

つまり、行政が一方的に仕様書で委託－受託の関係を結ぶのではなく、拠点側から提案ができるという意味で、日々現場で感じているニーズを形にしていける可能性が秘められている。毎日の市井のつぶやきを貯めていき、その地域の特性や住民の声をカタチにしていく流れを死守することがサービス型に転じない肝だと思う。

目指すべき拠点の姿としておかれた基本目標は、①安心して子どもを産み育て、子育てに喜びを感じることができる社会を目指すこと、②子育てを地域全体で支える地域力を創出すること、である。決して「親子・家族支援」という枠にとどまらず「社会全体の環境、醸成づくり」が掲げられている点は、先進的だったと評価している。

多機能化されていく地域子育て支援拠点事業

先にも見たように、親子が集うひろば的活動が、地域子育て支援拠点事業に発展し、さらには、児童福祉法に基づく子育て支援事業の一つとなり、社会福祉法における第二種社会福祉事業としても位置付けられた。こうして、苦情解決や第三者評価に取り組むことや、子どもをとりまく課題について、予防的かつ早期に児童福祉施設や行政と連携していくことも重要視されるようになった。

このことは、地域子育て支援拠点事業の多機能化をもたらすだろう。まず、改正子ども・子育て支援法にのっとり、二〇一五年に「利用者支援事業」が創設された。そこでは、子育て家庭に最も身近で、相談しやすい場所に「相談専門職種」を設置することが求められた。

これには、子育て支援拠点に置かれた「基本型」、保育園の利用調整を行う「特定型」、母子手帳交付時などに丁寧な妊婦への全数面接を行う「母子保健型」の三類型がある。要するに、子ども分野にも、介護支援分野のケアマネジャーや障がい児者分野の基幹支援相談員に類似する相談援助、コーディネーターが設定されたのである。とくに私たちの子育て支援拠点に配置される「基本型」相談員は、妊娠期〜一八歳までを対象としており、そのガイドラインでは、個別支援と地域支援を同時に行うことになっている。

くわえて、二〇一七年には、改正母子保健法にもとづき、二〇二〇年度末までにすべての市町村に対して「子育て世代包括支援センター」を設置することが努力義務となった。いわば、妊娠期から出産、子育てまでを包括的に支援することが法律で定まり、妊娠期からの「切れ目ない支援」が全国各地で拡がってきているのだ。

さらに、二〇二二年度の児童福祉法改正を機に、今後は、社会的養護の側面がより高まることが予想される。そこでは、児童福祉分野における高い専門性が求められる一方、三六五日二四時間の子育てを地域ぐるみで応援していける地域社会の醸成も、車の両輪として進めていかなくてはならないだろう。

子育て支援拠点事業は、妊娠期から学童・思春期におよぶすべての子育て家庭に開かれ、現場で直面する子育て家庭の課題やニーズに柔軟に対応していける居場所を用意するためのものだ。全国にあるこの場所だが、子どもを遊ばせに行く、地域情報を得るために通うといったように、来館目的の入口のハードルを限りなく低くすることで、何かあったときにワンストップで役立てる出口機能を充実・重層化していくことが求められる。

今後、どのメニューを組み合わせ、実情に応じて妊娠期〜産褥期までの切れ目ない支援を実現していくかは、先の一三事業含めて、自治体が選択していくことになっている。横浜のような大規模自治体よりも、地方のほうが、子どもだけに特化せず、高齢者や障がい児者の事業をミックスしながら、性別や年代を問わず、本当の意味の包括的な活動展開を行っているように感じる。

二〇二〇年六月に改正された社会福祉法に基づき、重層的支援体制整備事業を実施する自治体モデルがスタートする。少子高齢化を見据え、地域の裁量のなかで、切れ目ない支援が必要となるが、母子保健だけでなく多様なセクターがこれに関われるようになることを期待したい。

親になるということの体験と経験、その転換を緩やかに支える

いささか複雑な制度の説明になったが、妊娠期、出産期からの切れ目ない支援が叫ばれたここ数年、それを現場がどれだけ実践できるのかは、日々模索がつづいている状況である。

妊娠期の過ごし方や出産については、ある程度、望ましい準備がわかっており、その期間は、助産師、保健師、看護師といった母子保健分野の専門職がリードしてくれている。そして産婦人科に通う際、医者による定期的健診で画像によるエコーなど超音波技術が進み、胎児の顔も鮮明に映り、出生前診断による正確な胎内の健康状況が把握できるようになった。

体重管理、栄養管理、胎児状況把握のもと、妊娠中から出産直後は、新生児が何グラム何センチ、母乳を何ミリリットル飲めたか、何時間睡眠だったかなどを数値で計り、エビデンスをもとに医療的ケアのなかで守られて過ごすことができる。

しかし、退院後、いきなりわが家に戻ってきてからは「大体このくらいで大丈夫かな？」という目

安、目途を立てて生活していくことになる。ここで大きな「産後クライシス」が母子に訪れる。「生後二カ月の泣き」の研究が広く知られているが、産後支援に関して、実家機能含めて生後一カ月は公私のサポートが及ぶ一方、赤ん坊の夜泣きがピークに達する生後二カ月から、大きなリスクが生じることが指摘されている。

「ぴーのぴーの」は、産前産後ヘルパー派遣事業を一年前から始めたが、これは、産前から生後五カ月まで、子ども一人につき二〇回の家事育児援助員を派遣できるという事業である。直近二〇二一年三月末までに、問い合わせ件数が二七七件、派遣回数は二五〇件におよんでいる。毎日朝から電話が鳴り通しという状態である。

このコロナ禍で実家に帰れなかった人たちは、昨秋の四カ月健診調査で、四割に達していた。また、実家からの手伝いを呼び寄せもできず、夫婦だけで乗り切ったという家庭も多かった。かつての傾向と比べれば、他人を自宅に入れ、家族ケアで賄ってきた家事育児を他者に委ねられるようになってきた面はある。だが反対に、他人を家に入れることを躊躇している場合ではなく、切羽詰まって、そうした状況に追い込まれている面もある。

産後うつの出現率は、約一〇％と言われていたが、今や二人に一人が陥るとも言われている。二〇一六年は妊娠中から産後一年未満に死亡したのは三五七名で、一〇二名が自殺、うち九二名が出産後である（**表**）。日本は、世界有数の安心安全に産める国ながら、〇歳〇カ月死亡率、いわゆる虐待死の割合は、残念ながらワースト一位と言われている。本章で述べてきたように、まず、どの部分を支え

表　産後１年までに死亡した妊産婦の主な死因と人数

自殺	102
がん	75
心疾患	28
脳神経疾患	24
出血	23
羊水塞栓（そくせん）	13
妊婦高血圧症候群	11

国立成育医療研究センター研究所調査結果より

ていかなくてはならないかは、すでに明確になっている。

経験がない、体験がないなかでの子育て。実家機能の援助はなく、高齢出産も多い。復帰後のキャリア継続、ワークライフバランスを考えながら、保育園入所への手続きを産前から動かないと出遅れるという実態。これらを見る限り、「子どもを安心に産み育てられる」という状況には、まったく至っていない。

人生初の出産を機に、母体が一番変化する時期、まさに医療モデルから生活モデルへの転換期をどれだけ円滑に、かつ、盤石に支えていくか、一般的には多くの人ができていることだから、できないはずはないし、乗り越えてこそ親というもの、という規範意識を払拭できるか、課題は重い。経験値だけの問題ではなく、現在の社会的背景ゆえに、誰でもできるはずのことが容易にできなくなっていることにこそ危機の本質がある。これを理解し、妊産婦家庭の転換期に手と身を投じられる人材を発掘し、そのすそ野を広げることこそが、場にいる私たちに問われているのだ、と強く思う。

日本の産前産後周辺の支援は、「産後ケア事業」として位置付けられているが、これは、母子手帳交付時や産院での健診における特定妊婦の選別からスタートする。産後ケアは医療が入り、産後サポートは助産師、看護師がいれば民間でもできるしつらえになっているが、量的にもまだ追いついていない。先のヘルパー派遣事業でさえ、公的助成が入るために、医師の診断書もしくは行政からの認定をもらわないと受けられない。まさに、特別な人のための、特別な支援が、長らく続いているのが現状なのである。

本当は誰が支えているのか？　回遊する市民を増やすこと

転出入の激しい都市型の人口動態を示す横浜市北部では、すでに、地縁血縁に基づくソーシャルサポートの構築は難しく、むしろ「遠くの親戚より近くの隣人」ではないが、「新たな家族」を形成していかざるを得ない。

生後四カ月までに訪問する「こんにちは赤ちゃん訪問員」「ショートステイ」「トワイライト」「一時預かり」「ヘルパー派遣」「送迎支援」「病児病後児預かり」など、子育て支援はいろいろあるが、まだまだ量的に少ない。現状では、一人の人がいくつかの機能ごとの研修を受け、登録制度の手間をかけることで重層的に動いてくれ、つなぎ目をカバーしてくれている。だが、本来なら、利用者に慣れ親しんだ一人の人がいくつかの資格を有して、一家庭を丸ごと受け止めて実働してくれるほうがはるかに心強い。

例えば、前述のヘルパー派遣事業は、在宅時であれ外出時であれ、必ず親がその場にいなければ、サポートはできない。ファミリーサポート事業の場合、親がいないなかの預かりが可能だが、逆に、家事援助はできない。公的事業はともすると、その成り立ちや所管が違うと要綱やガイドラインが異なり、料金体系も申込窓口も運用手法も異なってくるのである。

子ども分野には幼児教育無償化という大きな財源保障が恒久的になされることになったが、一方で、生活支援分野には介護保険制度のように抜本的な社会保障制度がない分、このような「すき間」が必ず起きてくる。計画があれば万事うまくいくわけではないが、ケアプラン策定や要介護認定、計画相談機能や自立支援計画策定のようなものが、子ども分野では皆無である。

制度やサービスは、「つなぎ」のところに「のりしろ」が必要で、少しでも重ならないと落ちてしまう人が必ず生まれてしまう。この問題を考えるために、ある虐待の果てに殺人犯として起訴された母のケースを見てみよう。

彼女は、そこに至るまで、数度頼った先で上手く繋がらず、断られる、自身の尊厳が守られなかったという経験を持っていた。そこに、夫から「だからあいつらは何も信用できないんだ」と刷り込まれ、妻は不信感にさいなまれ、落ち込んでいく。関係機関の無能を刷り込まれ、夫だけがすべてだというマインドコントロールに侵された妻は、ＤＶを許容してしまい、結果、子どもへの不適切養育に至ってしまった。

人に「助けて」といえる力は、一度は受容してもらったという成功体験があって、その信頼関係を土台に生まれるものである。ましてや手を差し伸べる必要性が高い人ほど、その手を出してくれないといった事例は、山ほどある。一方、その人との「つながり」の糸口を見出すのは、一人の専門職では難しく、周囲にいろんなアクターがいる方が望ましい。

私たちの現場では、子育て家庭から、直接さまざまな相談をされるのと同じくらいの頻度で、じつは隣近所で、じつは学校の同じクラスで、じつは私の友人が、といった具合に、間接的にどうしたらいいか？　何ができるか？　という内容の相談が持ち込まれる。

気にかけてくれる人の存在のありがたさを感じる。ただ、同時に留意したいのは、それでもあえてその人が望まない限り、おせっかいの強要にならないよう、何もできない、しないで見守るしかない場面に耐えることも、一つの役割である、ということだ。

最近では、子ども子育てに社会の関心、感度が高まりすぎている。近隣住民は、「疑わしきは即、虐待通報」が義務付けられており、誤報が多く、叱ることにさえ親は神経質にならざるを得ない。体罰禁止が法律に制定され、かえって子育てのプレッシャーとなったり、親に対する社会の寛容さが損なわれ始めている面がある。

これらの重みに耐えかねて、朝の開館から閉館まで、一日ずっと拠点で過ごす人は少なくない。すぐ通報ではなく、「ちょっと気にかける」「少しの気遣い」、温かいまなざしをそそぎ、有事のときに見過ごさず手をかけ、声をかけられる……行うは難しだが、監視から見守りへそういうケアが育って欲しいと願うばかりである。

人生一〇〇年時代の生涯地域発達の視点

地域子育て支援事業による、居場所機能の拡充の歴史は、制度化されてまだ二〇年にも満たない。だが、居場所の機能は、現在「子ども食堂」や「学習支援」など、学童期やひとり親家庭支援として発展を続けている。こうした居場所機能の効果と可能性を見いだすために、横浜市域で二〇一九年、三歳児乳幼児健診大規模調査を行ったところ、とても興味深い事実が発見された。

この調査は、居場所を利用した人としなかった人とで、地域に対する関心度がどう違うのか、その人自身の変容がどうもたらされたかを調べたものである。一八区横断的に期間を揃えて臨み、法定健診を活用したことが奏功して、回答率は八〇％を超えた。

利用頻度と回数については、週に一回以上来ている人は、それ以下の人と比べて、「地域に子育てを助けてくれる人がいると思えるようになった」「地域行事やイベントに参加するようになった」「サークル活動や友達付き合いに興味を持つようになった」「近所づきあいの楽しさを感じるようになった」「この地域に長く住み続けたいと思うようになった」「子育てに関する行政の制度に関心を持つようになった」などの六つの指標で、非常に高い変容をもたらしていた（生協総研レポートNo.八九「子育て支援の効果の見える化と可能性――横浜市三歳児健診における養育者調査及びインタビュー調査報告書」）。

E・H・エリクソンによる「心理社会的発達理論」の考え方を用いれば、人生の「発達課題（それぞれの発達段階で達成しておくべき課題）」の問題なのかもしれない。次の世代を育成していくというある発達段階における課題に関して、地域活動のなかで発達段階に応じた課題を解決していくことが求められるが、そのためには「地域活動へのまなざし・気づき」を掘り起こすために「居場所」が必要になる、ということではないだろうか。

人生の大半は、就労時間や生産消費している時間に注目されがちだが、じつはその時間が八万時間とすると、定年後も八万時間あると言われている。この最後の八万時間をより充実させるには、地域で自らが発達していこうとする主体性がカギになる。

新型コロナウイルス感染の影響で働き方を変えていく子育て家庭も多く、この港北区では、就労家庭のほぼ半数が在宅リモート勤務に切り替えている。家時間、地域時間が増えるにあたり、自身の生き方、子育て観に対して、多くの人が問いを立て始めている。

偶然か必然なのか、二〇二一年年明けに、三〇歳代の子育て家庭の男女五人以上から、同時にNPOの地域活動に関わりたいというドアノッキングを受けた。少し前のプロボノ(専門知識を生かした社会貢献)とは異なる動きであり、社会課題の解決、地域福祉の新たな担い手という枠組みとも、またちがった潮流と感じている。

強烈な課題意識やミッション、使命感というよりも、むしろ生涯をつうじて地域活動によって自らの「発達」を獲得していきたい、そんな個々のニーズのほうが近い気がする。彼らは今、オンラインで高校生に対する座談会を企画し、自由に集い、ときに他者のために自身の生き方を語るなど、そのネットワークをゆるやかに創りつつある。

それぞれが民間企業や組織で社員として日中は働いているが、例えば保育士の資格取得を試みたり、知らない制度の仕組みを学びつつ、誰かとつながること自体を純粋に楽しんだりしている。運動的でも、組織的でもない、ただ地域に目と関心がしっかり向いていて子どもの育ち、環境づくりを真剣に考えている。

これは、コロナ禍でのこれまでと違う生活様式に移行していくなかで、新しく生まれつつあるムーブメントなのかもしれない。権利の主張というより、不透明な時代だから、まずは自分たちはこう生きていきたい、という決意表明のようにも見える。もしかしたらワークライフバランスの一つの選択肢、延長線上として、一人の大人としての居場所を求めてきているのかもしれないし、各企業のSDGsへの取組みが浸透しつつあるのかもしれない。

子育て支援が徐々に多職種連携、つまり、福祉や教育、母子保健の分野の専門職でネットワークを組めるようになるのは心強いことではあるが、むしろこうした子育て真っ最中の親たちが、自分ごととして「私は、僕は」の一人称で語り始めたときこそ、何かが変わっていく原動力になるのではないだろうか。この動きを応援しつつ現場から楽しみに見つめている。

第７章

一周遅れのトップランナー
――「さくらもと共生のまちづくり」の四〇年

三浦知人　◎社会福祉法人青丘社理事長

私が神奈川県の川崎南部、在日コリアン集住地域で地域活動に参加するようになった一九七〇年代後半は、あらゆる社会保障制度に国籍条項を設けて、在日コリアンを排除していた時代だった。少数派としての活動を余儀なくされた時代だったが、それでも、差別をなくし共に生きる地域社会を求める活動は、確実に前に進み、世の中は必ず、今より良くなるものだと疑わなかった。

国では与党の一角だった公明党が、二〇〇〇年前後に定住外国人への地方参政権を付与する法案を提出することが話題となり、大きく日本社会が開かれる時代の到来を予期させていた。しかし、そこから、転げ落ちるように、大の大人が「殺せ！　死ね！」と叫ぶヘイトスピーチの時代に突入してしまった。活動の場である地域社会は、寛容さをなくし、地域社会で、弱い立場の人たちどうし反目し、孤立と分断を深める時代が進行していることに、焦りと戸惑いを感じさせられている。

支え合わなければ生きていけないわが街の地域史、在日コリアンの戦後史

一九四五年八月一五日、日本の敗戦は、朝鮮人にとって三六年間の植民地支配からの解放だった。日本の戦争政策に動員させられた朝鮮人は、敗戦と同時に放り出された。「もう日本にいられなくなるの？」「帰るにしてもどう帰ったらいいの？」「帰るまで、どのように食っていけばいいの？」……在日コリアンにとって、解放の喜びにもまして、大きな生活不安に落とし込められた時代だった。

不安感に突き動かされ、多くが、コリアン集住地域に情報を求めて、大移動した。戦前から関東域では有名なコリアン集住地域であったわが川崎南部も、そうした人びとを吸収し、生活権を守り、助け合いの生活の発信基地となった。いや、放り出され、命を守るためにみんなが肩を寄せ合って、必死の生への努力を強いられたという表現が近いだろう。

空襲で廃墟になった街をリヤカーでまわり、廃品を回収してその日の暮らしを維持する人たち。その鉄くずの値段が三倍に跳ね上がり、工場地帯であった街が、一九五〇年に始まる朝鮮戦争によって「復興」への歩みを加速し始めた。

日本の戦後処理の過程で、朝鮮半島に分断が持ち込まれ、自民族どうしが殺し合う悲劇に大きく帰国が遠のく一方、日本の地域社会は再生の道を歩みだしていた。食うのに必死であった日本人も朝鮮人も、かつての軍需生産に沸いた時代と同様、経済が多くの人びとを吸収していった。東京オリンピック関連工事や政府の公共事業が支えた高度経済成長の重労働に従事し、「額に汗する人びと」であふれた街は活力を取り戻していくようになった。

戦後まもなくのレッド・パージの時代、在日コリアンにもまた、冷戦の嵐が直撃し、日本政府からの厳しい朝鮮人敵視政策が強行された。日本に暮らす朝鮮人に「同化か追放か」を迫る政策が続けられたのだ。そして、戦後整えられた日本の社会保障制度にしっかり国籍条項が設けられ、在日コリアンを排除しながら、日本の国づくりが政治的に進められていった。

こうした状況に対峙するかのように、住居、仕事、結婚、子育て、教育、金融などの生活の根幹の部分から、民族的食生活の供給に至るまで、「支え合ってしか生きられない」時代が訪れた。そして、他のコリアン集住地域でもそうであったように、この厳しい時代を懸命に生きる、コリアン市民の支え合いのネットワークの中心として、わが街、川崎桜本は、重要な役割を果たすようになっていった。それだけではない。何とか、生きる基盤をつくるために日本社会で勝負しようとこの街を離れ、チャレンジしては失敗して、無一文で帰ってくる人びとに、再チャレンジのための「セーフティネット」の役割も桜本は果たしてきた。

七〇年代——差別の告発、地域活動の始まり

日本に暮らすコリアンの社会運動は、戦後、それぞれの立場から積極的に展開されてきたが、基本は、独立を勝ち取った在外公民として、帰国−建国運動の一環として進められてきた。その外向きのベクトルは、日本政府の在日コリアンへの戦後補償、戦後処理の「無策」と奇妙にも調和し、在日コリアンの人権保障は手つかずのまま、戦後史が流れていった。日本に暮らすコリアンの人権を真んな

かに据えた活動が起こるのは、日本に生まれ育った在日二世が成人して社会に発信するようになる、一九七〇年代になってからのことだった。

その大きなきっかけとなったのは、「日立就職差別裁判」の闘いである。在日二世の青年が日本名で日立製作所を受験し、就職内定をもらったのち書類提出を求められ、日本名での受験を「ウソをついた」として、内定を取り消されたことを裁判に訴えたのだった。裁判の過程で、在日コリアンの歴史と差別の実態が明らかにされ、多くの在日二世と日本人の参加を得て、全国的な闘いに発展した。当事者青年は、裁判の途上で「この闘いを通じて自分を取り戻すことができた。そのことが最大の勝利である」旨の勝利宣言をし、同じ立場の在日二世の若者のあいだに共感の輪を広げることとなった。一九七四年、日立闘争が完全勝利し、その運動を担った人びとは、「日立から地域へ」というスローガンを掲げていった。多くの在日コリアンの子どもたちは、就職試験にたどり着く前に、諦め、基礎学力のなさ、「非行」の只中に生きていた。その現実にしっかり根を張るような地域活動を行うことが、提起されたのだ。

運動の中心を担ってきた在日大韓基督教会川崎教会が母体となって、社会福祉法人青丘社桜本保育園を開設し、保育園活動から子ども会活動、学童保育、小中学生の学習支援、保護者を中心とした学習会活動、関係機関との話し合いなど、現在の私たちの地域活動の原型が、教会と保育園の場で短時間のうちに始められることとなった。

当時はまだ、ボランティア活動などという言葉もない時代、関東圏の学生を中心に若い世代の在日コリアンが手弁当で活動に参加した。その過程で彼らは、活動を通じ、少年期を振り返り、民族を隠して生きてきた自分自身の自己回復を図っていった。そして、本名を回復し、差別に抗い、毅然とした社会との向き合い方を獲得するための歩みは、多くの同世代の日本人を巻き込み、地域活動の黎明期を支えることとなった。

私もちょうどその頃、学生としてこの地域活動に出会い、同世代のコリアン青年と出会った。このことは、自らの生き方の範として、自分の人生に大きな影響を与えることとなった。彼らが地域の子どもたちに語る言葉は、自らの子ども時代を土台とした熱のこもった発信だった。いま振り返ると、この熱が、活動に参加する日本人の仲間に大きな影響を与え、彼らの生き方への共感を強めさせたように思う。

地域社会の厳しい差別の現実

「差別するほうが悪いのであって、差別されるほうが下を向いていてはだめだ。本名を名乗り、朝鮮人として、人間として、胸を張って堂々と生きていこう！」。地域活動は、こうした当事者の叫びを原点に、子どもと共に歩む活動を柱に進められた。

だが、すべてが順調に進んだわけではなかった。「何よ！　付き合いづらいわね」という日本人住民の反応のみならず、当事者も「そんなこと言って、私たちの生活の面倒をみてくれるのかい」と冷ややかなものだった。「若いもんの口車に乗って痛い目にあったらたまらない」ということだったのだろう。それでも、私たちの呼びかけに応えてくれた一握りの母親たちと子どもを支える活動を精力的に作り出していった。

保育園の子どもたちの民族保育の内容づくり、人材育成は大きな課題であり、若い青年たちは、もっぱら小学生、中学生の子どもたちと関わることとなった。しかし、朝鮮人である自分に向き合うことすらしんどい子どもたちは、私たちの話にはなかなか耳を傾けてくれなかった。夏休みに合宿やキャンプに連れ出し、夜、在日の青年たちが自分の子ども時代の話を語るなかでやっと、涙しながら自分がいじめられて悔しい想いをしたことを私たちに訴えてくれた。非日常の場面を作り出し、多くの時間と労力をかけなければ、自らの民族性に向き合うことすらできない子どもたちの実態がそこにはあった。

子どもたちに「差別に負けるな、本名を名乗れ」と迫ることは、大人たちの日常にも跳ね返ってきた。当時は、あらゆる社会保障制度に国籍条項があった時代だった。大人だって差別に負けて、諦めて暮らしていたが、そのことが次第に自覚されるようになっていった。「悪いことは悪いと言おうよ」、まずは、不当な差別に対して声をあげることを諦めない、そんな地道な取り組みが求められたのだった。

「児童手当がもらえない」「市営住宅に入れない」「奨学金制度に国籍条項がある」「住宅ローンがつかえない」……暮らしのなかで出会う不条理に対して、「おかしい」の声をみんなの声として署名を集め、提出する。話し合いを積み重ね、やっとの思いで制度改変を勝ち取る。そんな過程に二年も三年もかかった。そして、その成果を地域社会に返し、みんなの力でよくなったという成功体験を積み重ね、諦めないで今日よりいい明日をつくる人のつながりが育くまれていった。

しかし、地域の現実は厳しいものがあった。本名を呼び、名乗る活動を最先頭で推し進めてきた子どもたちが、中学生期になり、「もうしんどいから、中学から日本名にしたい」と訴えてきたのだ。私たちは、当事者からの異議申し立てに、「今まで何をやっていたのだろう」と自らの非力さに落ち込み、親もまた悩み抜いて、「本名で育てるのは一種の賭け」とまで表現されるにいたったのだった。

民族差別の行政責任を問う活動

そんな厳しい状況のなかで、「藁にもすがる思い」で川崎市への働きかけが強化されていった。行政との話し合いは、二つの形で進められた。一つは、教育行政での取り組みを求める活動、もう一つは、私たちの活動保障をもとめる活動だった。前者は、教育行政担当者十数名を前に、市民数十人が参加しての交渉を積み上げる形式、後者は、地域実践に関わる人たちと担当部局との実践報告をともなう学習、それに基づく話し合いの形式で進められた。

話し合いは長きにわたった。特に教育委員会との話し合いでは、青年たちが学校生活の被差別体験を語り、保護者が子育て体験を語るなかで、差別実態が明らかになっていった。話し合いの場は、力を落としていた私たちにとっても、改めて実践の大切さを再認識する機会となった。

話し合いの途上では、「在日コリアンを川崎市民と考えているのか」という私たちの問いかけに、沈黙が支配する時間があった。「差別の責任を認めたら、何を求められるかわからない」という行政担当者の市民運動への大きな不信がそこにあった。時間はかかったが、切々とした当事者の訴えを前に、被差別実態を行政が自ら進めてきたことと向き合い、行政の責任で対応すべき課題であることが、携わった行政担当者の口から語られるようになっていった。

そして、二つの話し合いは、相互に連関して、前者は、「在日外国人教育基本方針」の制定として、後者は「ふれあい館」設立として、ほぼ同時期に結実することになった。私が深く関わることになる、ふれあい館が設立されたのは、一九八八年のことだった。開館して半年くらいは、連日各自治体からの見学訪問を受けた。私たちは全国のコリアン集住地域に、ふれあい館のような差別をなくすための公的会館設立が続くことに期待感を膨らませていた。だが、その後、一つもできなかったというのが、私たちの認識だ。もちろん、優れた実践を行う団体は多数あったが、民間団体だったり、他の事業予算だったりして、明確に在日コリアンへの差別実態の解消を明示した行政施策が成立することはなかったように思う。

部落差別、障がい者差別、女性差別、アイヌ、ハンセン病、その他の不公正に対して、行政がその解消に向けて取り組むことは、当然のことだ。しかし、長く日本の地で差別実態にさらされた在日コリアンへの差別については、行政責任を決して認めないというのが、日本社会の頑ななまでの今日まで続く基本姿勢だといってよい。川崎市ふれあい館は、唯一、行政が在日コリアンへの被差別実態に行政責任を認め、市民団体と協働してその解消にむけて取り組みを開始した場所だ、と私たちは受け止めている。

指紋押捺拒否の闘い――日本社会へのラブコール

その頃、全国的な運動として、外国人登録時の「指紋押捺」制度をなくす活動が盛り上がりを見せていた。当事者による押捺拒否運動は全国に広がり、地域活動を担う川崎の仲間もその重要な役割を果たしていた。

保育士や高校生、地域のおばちゃんたちが、国家に楯突き、法の執行を拒否する運動が地域で広がったのは、私にとっても大きな驚きだったが、私たちの同僚職員が警察に逮捕されたことで、地域社会は大きく揺さぶられることとなった。コリアン市民の力強い訴えかけは「日本社会へのラブコール」と表現された。社会的排除に対して、「差別をやめろ」と声をあげてきた当事者の権利要求の活動が、この運動のなかで明確に、日本の「社会変革」を提起したのだった。多くの市民とつながり、社会連帯の先頭に立つ舵が切られたように私は感じた。

押捺業務を担った自治体労働者や川崎市は、押捺拒否に対して立場表明を迫られた。そして、この運動を通じて、自治体労働運動と私たちは「課題」でつながることとなった。川崎市長もまた、「法も規則も人間愛を超えるものではない」と市民の側に立ち、川崎市とコリアン市民の信頼感は確実に深まっていった。この運動があったからこそ、自治体行政と外国人市民という大きなつながりを獲得できたのだと思う。

共生社会実現へのスタートライン

それまで学校では、在日コリアンの子どもたちへの対応に苦慮し、差別を恐れてそのことにふれないようにすることが、差別をしないことだと一般的に受け止められていた。しかし、外国人教育基本方針が制定され、今度は、しっかり民族的、歴史的背景を尊重して教育することが求められたのだった。地域の小学校、中学校が人権尊重教育実践推進校として位置付けられ、授業実践がそれぞれの学年でカリキュラムに盛り込まれていった。運動会や文化祭では、私たちが協力して韓国・朝鮮の文化発表が取り組まれ、在日の保護者が協力しての調理実習や、在日高齢者が毎年キムチ漬け講習会に協力して取り組んだ。中学校では日朝関係史を学ぶ授業実践を公開授業で取り組み、意見を交わしながら積み重ねが行われるようになった。こうした学校の取り組みにより、社会の雰囲気は大きく変わっていくこととなり、何より、学校と私たちが協力して取り組むパートナーシップが生まれた。そして、情報交換に招かれるようになり、具体的な子どもの姿を共感しあいながら、地域と学校が連携して取り組む地域教育実践の形が少しずつ整うようになっていった。

韓国・朝鮮のことを大切に学ぶシンボリックな公的会館「ふれあい館」が地域に生まれたことで、子どもたちの社会にも大きな変化をもたらした。それまで、自分の本名や民族性を大切にすることや、日本と朝鮮半島の深いつながりの話をなかなか受け止めようとしなかった子どもたちだったが、学校という場が開かれたことで、自分と朝鮮とのつながりを必死になって手繰り寄せようとする姿が生まれていった。

学校は子どもたちの社会だ。社会が開かれることで、学びが開かれることを私たちは目の当たりにした。自宅にある民族衣装のことを先生に話したり、自分のおばあちゃんが朝鮮半島から来た人だという私たちも知らなかった打ち明け話を、担任の先生に披露するようになった。そして、学校で行われる「韓国・朝鮮」の話題を、私たちのところにひんぱんに報告に来るようになったのだった。

あれほど避けていた子どもたちが、私たちを喜ばせよう、私たちと喜びを感じあおうと来てくれたのである。子どもたちだけでなく、私たちに協力的でなかった保護者もまた、まるで以前からの協力者のように、学校のコリアン文化体験授業の補佐をしてくれるようになり、私たちを喜ばせた。コリアン文化の学びが開かれたのだ。学校での取り組みが始まり、ふれあい館ができたことで、自分らしく生きる自信と勇気が生まれ、今を力いっぱい生きる地域での活動のスタートラインに立てた、私はそう思っている。

ふれあい館は、市民参加型の運営を心掛けた。差別をなくし、共に生きる人びとをつなぎ、元気を分かち合うなかで、こんな言葉が聞かれた。「難しいことはわからないけど、なんだかみんなの姿を見ていると私も勇気が湧いてくるの」。ふれあい館という場を得たことで、たくさんの困難を抱えた人たちが、「自分もがんばろう」と共感の活動を開始するようになっていった。

館を踏み台のように利用して、課題を抱える人たちが仲間を集め、社会発信した。保育園時代に出会った障がいのある子どもたちが、自分の育ちに合わせるようにして、余暇支援の場や親を離れて過ごす場づくり、就労の場づくりなど、親や市民も巻き込んで連携の輪を広げていった。

それだけではない。日本籍コリアンの増大、新しく国境を越えて暮らす外国人市民の増大など、「外国人」とくくられる人びとが多様化し、抱える生活課題も一通りではなくなっていった。「だれもが力いっぱい生きる」がスローガンになり、多くの人と出会い、課題を共有し、発信するためのイベント開催が行われた。「共生のまちづくり」を掲げ、私たちスタッフは当事者の背中をささえ、送り出す活動を推進した。

在日高齢者との出会い

多様な活動が新しく生まれていくなかで、最も大きな課題のひとつは、在日一世の高齢化だった。

ふれあい館の設立と共に、識字学級が開設された。その問題意識は、在日一世が日本語でも朝鮮語でも、ほとんど学ぶ機会がなかったという実態に迫りたかったからだった。週二回の午前中、何とか集まっていただけないかと近所のハルモニ(おばあちゃん)に働きかけた。そのうちの一人が「ほんとうに勉強したかったんだ」と他のハルモニも誘って参加してくれた。

なかには初めて鉛筆を手にしたハルモニもいた。鉛筆の先にちょうど字が書ける程度の力を集中させることも練習の結果なのだということを、ハルモニたちの姿で知った。多くのハルモニが、力を入れすぎたり、ふにゃふにゃした鉛筆運びしかできなかったりしたから、鉛筆の持ち方から始めなければならなかった。

二〇分もすると疲れて、大きなため息とともに、休憩する。そして、自分の名前すら書けないことが恥ずかしいのか、言い訳のように、学ぶことのできなかった自分史を語り始める。いっしょに学習を支えるボランティアは、その話に引き寄せられ、目を真ん丸くして聞き入る。少し日本と朝鮮半島の歴史をかじった人にとっては、歴史の生き証人としての話に大きな感動を覚えるのだった。

ハルモニにとっても、息子や娘にすら話したことのない「恥ずかしい話」をこんなに一生けん命聞いてくれる経験は初めてだ。話しながらハルモニたちは、はじめて自分の人生を振り返ることができた。今まで「旦那が酒飲みだから」とか「国を取られたから」とか「運命が悪い」とか、自分の苦労の原因は自分たちが悪いからだと思ってきたハルモニたちが、鉛筆を持ち、ボランティアと言葉のキャッチボールをし、学びの仲間と会話を交わすなかで、「自分たちだけが悪かったんではない」と、歴史の流れのなかで自分をとらえなおすようになっていった。

識字運動のなかで「学ぶことは生きる力」という標語がある。「今さら勉強なんて恥ずかしいよ」とおっしゃっていたハルモニが、半年もしないうちに、多くの学生の前で、自分の苦労話を話してくれる……私は、この標語の意味を、ハルモニの姿に見て取ったような気がした。

今も抱える厳しい現実

ハルモニとの出会いは、私たちの地域活動に大きな影響を与えた。私たちの活動が在日二世の子育ての活動を柱に進めてきた結果、ふれあい館も子ども事業と大人の学習活動どまりで、高齢者への活動はイメージされていなかったからだ。しかし、ハルモニたちとの出会いとその存在感は、「私たちの地域のコミュニティの中心に、最も苦労した在日一世がいなければならない」という宿題を私たちに背負わせた。

あるハルモニが言った。「息子と電車に乗ろうとしても、息子は私といっしょの扉から乗ってくれないで、いつも離れて歩いてたよ。仕方ないよね、自分はこんなだから」。これは、名前も書けない自分を表現したときの言葉だった。私が初めて川崎で活動を始めたころ、同世代の朝鮮人の友人が、「俺ってオモニ（母）といっしょに電車に乗るときは、いつも離れてたよ」と、自身の子ども時代の非人間的な姿を振り返ったことがあった。まったく同じ光景を想起させるハルモニの言葉に、在日高齢者もまた、自己回復の場が必要だと強く感じた。識字学級もまた、そうした営みの開始として位置付けられるのである。

場を重ねていくと、昔大変な苦労をしてきたというだけでなく、今も大変な困難を強いられている現実が見えてくる。特に大きな課題は、無年金による生活基盤の脆弱さだ。厚生年金は国籍要件はないが、厚生年金があるような職場には就職の機会がなく、国民年金制度からは排除され、八二年の法改正時にも適切な経過的措置がとられなかったため、在日高齢者は年金制度から切り捨てられてしまった。

あるハルモニがやってきて、こう訴えたことがある。

「よく行く病院の待合室でたまたま顔見知りの年寄りと話しているうちに、年金の話になり、『私はよく働いたから、月に五万円の年金をもらっている』と言うんだ。冗談じゃない。私の方がずっと働いてる自信があるよ。日本政府は、この歳になっても私たちを差別するんだね」

私たちは、思わず絶句した。年金は国の制度だが、病院の待合室で被差別感を感じて暮らすハルモニの姿に、自治体の果たす役割はないか、労苦を積み重ね、川崎の「発展」を重労働で支え続けた在日高齢者に、日本社会が「ご苦労様」という気持ちを込めて、豊かな老いのときを保障する取り組みが求められるのではないか、私たちはそう思わずにはいられなかった。私たちは、「無年金外国人への代替制度」を求めて、在日一世と共に川崎市と話し合いに入った。結果、月一万円からの支給だったが、先駆的な歩みを川崎市は示してくれた。この過程で、ハルモニたちが、「若い二世三世や日本人ががんばっているんだから、自分たちもがんばらなきゃ」と語ったことが忘れられない。

始められた市民交流事業

以上の「在日外国人高齢者福祉手当」の制度化が発表された話し合いの席上、あるハルモニが仕事一筋の暮らしを振り返りながら、「たまには温泉旅行にでも行きたいよ」と発言した。そうした想いに共感したのか、市の幹部は大きく頷いた。半年くらいたった頃、そのハルモニが「温泉旅行はいつ連れて行ってくれるんだい」と私たちに言った。はじめは意味が分からなかったが、川崎市の偉い人が頷いていたことで、温泉旅行への期待感を膨らませていたのだった。「こりゃ、私たちが計画するしかない」。年金代替制度化の活動に関わってきた市民の間から、こうした声が上がり、ハルモニたちと市民の交流事業が進められることとなった。「世代と民族を結ぶ温泉交流旅行」として回を重ね、ハルモニたちと市民の交流と、ハルモニたちどうしのつながりも深められていった。

こんなこともあった。識字学級で学ぶハルモニたちが、「いつも世話になっている先生に、年末のキムチを漬けて送りたい」と言い出したのだ。年々キムチを自分だけで漬けることがしんどくなってきたハルモニたちだったが、ふれあい館の玄関で大樽四個分のキムチを漬け始めた。全館ニンニクの匂いが満ち、これぞふれあい館という風景だった。社会保障制度の枠外で生きてきた在日一世は、「してもらう」ことをそのままにはできない。「お返し」をしなけりゃ自分の気がおさまらないからだ。こんな思いを私たちはいっぱい受け取ってきたのだが、これ以来、秋の白菜がおいしい季節のキムチ漬けは、ハルモニからの民族の味を受け継ぐ、重要な行事になったのだった。

ただ、一方では、識字学級にもうしんどくて通いきれない人、字を学ぶことがしんどくなってしまう人もあらわれ、識字学級以外のもう一つの場づくりが求められるようになっていった。そこで、一九九七年に青丘社の高齢者、障がい者事業プロジェクトが立ち上げられ、時代の経過に合わせた実践の創造が目指されることとなった。

在日高齢者交流クラブ「トラヂの会」結成

ハルモニたちと、場づくりを模索するなかで、いろんな実態が見えてくるようになった。例えば、多くが学校教育を受けられず、字を書けないだけでなく、せっかくできた自分だけの自由な時間を過ごすレクリエーションスキルを学ぶ機会もなかったことがわかった。高齢者向けの社交ダンスに仲間と申し込んだのだが、先生から「あんたたちは覚えが悪すぎる」と言われ、無学なハルモニみんなを馬鹿にしているように感じて途中でやめてしまった、という話も聞いたことがあった。私たちは、余暇の時間をいっしょに丁寧に作り出す活動が求められていることを痛感し、毎週の会食会を行う「トラヂ（ききょう）の会」を結成することにした。

活動資金もないなかでのスタート。場所は、近くの公立学校内の休園中の幼稚園園舎を貸してくれるようお願いした。ご飯とスープをつくってキムチを出して、持ち寄りでの週に一回の会食会のスタートだったが、モデルとなったのは、当時地域にあったハルモニたちのたまり場だった。地域には三カ所くらい、ハルモニたちが昼集まる場所があり、私たちはイベントのお知らせに回った。どこのたまり場にも面倒見のいいお一人暮らしのあるじがいて、昼はご飯を炊いてスープとキムチとちょっとしたもので昼食を共にしていた。その後、昼寝もあり、見るでもないテレビが流れ、雑談に花咲かせる素敵な居場所だった。「みんなの力を集めて、会食する集まりをつくろう！」と呼びかけて毎週の居場所「トラヂの会」がスタートした。「ハルモニたちに粗末な食事はだめだよ」と、ほっとけないとばかりに食事ボランティアが登場し、会が整えられていった。何の保障もないなかで、「あればあるだけ、なきゃないなりに」対処して行ってきた私たちの地域活動の底力が発揮された瞬間だった。

かつては、貧しくても、大家族で、何度も行われる法事の場でみんなが食事をして集まれたのだが、今やとんとなくなった、と嘆きの声が聞かれる。高度成長期、在日の社会もお金が行き来する状況があり、居住の分散化がすすみ、そのことが次第に支え合わなければ生きていけない状況を変えていった。コミュニティの弱体化は、高齢者の生活に直結する。息子世代とこぎれいな街に引っ越して、話し相手がなくなってしまい、電車を乗り継いで二時間かけてやってくるハルモニまであらわれた。そんななか、トラヂの会は、近所のハルモニたち二〇名程度をイメージしていたが、来るハルモニたちの「あんたも来なさい」という誘いで、ハルモニ自身のネットワークが結びなおされていった。毎回再会を喜び合う姿が続いた。

トラヂの会は、自分たちの力で孤立したハルモニをつなぎなおし、作り上げた場所として、ハルモニたちの自信につながった。たくさんの訪問者、見学者を受け入れていただき、「私たちもずいぶん偉くなったもんだ」と笑顔で発信してくれるようになっていったのだった。

在日コリアンにとっての介護保険事業

私たちは、識字運動という、社会福祉とは離れたところから在日高齢者の事業に関わってきたので、地域の福祉関係者とのつながりはあまりなかったが、介護保険時代に入るなかで、否応なく高齢者福祉とのつながりを迫られるようになっていった。

介護保険法を手にしたとき、まず、第一条「目的」に「国民の共同連帯の理念に基づき介護保険制度を設け」と記されていることに、強い違和感を覚えた。社会保障制度の頂点に位置する国民年金制度においては、共同連帯の鎖を絶ったままにしておいて、都合がよすぎると私は反発したのだった。

ハルモニは「私は老人ホームには入る気がないし、介護保険は私には関係ない」「そうなったら死にゃいいんだよ」と介護保険の学習の場で言い放った。その当時、ヘルパー制度を利用しているハルモニが一三人ほどいた。今後も介護サービスが必要になるハルモニは増えていくだろうし、介護保険制度を無視して保険料を支払わないことで、制度利用にペナルティがかけられることでますます困ってしまうのではないか、そんな危機意識もあった。無年金高齢者が多いことを考えれば、年金支払いができず、納付書による保険料払いが求められ、滞って未払いになるケースも多いと思われた。介護保険を在日コリアン高齢者の立場からとらえ直して、関係者に課題提起しなければならないと感じた私たちは、ハルモニたちとの学びの場で、「納めるものはしっかり納め、言うべきことはしっかり言っていこう」と確認し合った。

提案の重要な柱は二つあった。一つは、在日高齢者の権利擁護システムだ。介護保険では対等な契約関係への転換に基づき、サービスを選択できるとされていた。ひとり暮らしが多く、非識字のハルモニたちに契約といっても、しっかりした権利擁護システムがなければ、大きな不利益がもたらされるかもしれない。無年金や民族的社会的背景を考えたうえで、しっかりした視点で情報を伝え、自己決定を支える仕組みとして、「在日外国人高齢者権利擁護センター」の必要を訴えた。

もう一つは、担い手の育成だ。民間参入によるサービス量の拡大を図り、「選べるサービス」がうたわれていたが、社会的少数者のニーズを満たすサービスを民間会社がきちんと行なうはずがない。「選べるサービス」だからといって、「朝鮮語のわかるサービス」「朝鮮料理を出せるデイサービス」

など求めても、絵に描いた餅になるのは目に見えている。その要望すら閉ざされて表面化しない可能性を考えると、在日の豊かな老いの保障を行える「担い手」がどうしても必要だと思われたのだった。しかし、介護保険を準備する自治体担当部署は、当時、てんてこ舞い状態だった。「日本人にすら十分対応できないのに」という声が聞こえてきそうな状況のもと、提案は空振り状態だった。

私たちは、介護保険が始まる直前の一九九九年から、権利擁護のための、在日高齢者相談窓口を設置し、マスコミに報道をお願いした。そして、担い手育成では、川崎市から「在日外国人高齢者の老いを支えるためのホームヘルパー養成講座」の委託を受け、ふれあい館で開講し、担い手育成の歩みを進めることとした。在日の社会でも高齢化の課題を考える人は多く、ふれあい館が開講することで、三〇名定員はすぐ満杯になり、その半分ほどは二世当事者世代が受講してくれた。

地域活動としての豊かな老いの保障

こうして、ヘルパー講座を受講された在日二世のヘルパーさんたちと共に、地域で在日高齢者の豊かな老いのときを保障する取り組みが始まった。在日二世のなかには、自分の親をうまく見送れなかったという気持ちをお持ちの方々が少なくなかった。体当たりで生きてきた在日一世は、「老いては子に従え」という考え方からかけ離れて、娘、息子を結婚させ、家を持たせるまでが親の仕事だとばかりに介入し、親子関係がうまくいかないご家族もあった。そんな経験を糧に、ハルモニたちの暮らしを支える活動を、ハルモニたちは「自分の娘みたいによくやってくれるよ」と受け入れてくれた。

それまで、他事業所で活動していたヘルパーさんたちが、やっぱり、「かゆい所に手が届かない」という想いから、自分たちで自分たちの介護事業所をつくりたいという想いを表明し、青丘社として介護保険事業に参入することとなった。ケアマネージャー一名、ヘルパー四名の小さな事業所からのスタートだった。トラヂの会の運営を含めて、高齢期の支援を強化したことで、地域でエプロンをして走り回るヘルパーの姿に、ハルモニたちも、「自分が困ったら、エプロンしたあの人たちの世話になるのかなあ」と、少しだけ、老いの不安も和らいだようだった。

ヘルパーの利用は受け入れていただけたハルモニたちだったが、「日本人の集まる場には、名前も書けないし、馬鹿にされるから行きたくない」と言い張るハルモニに、入浴の支援が大きな課題として立ちはだかった。ご自宅にお風呂のないご家庭も多く、いくつかの創意工夫の時代を経て、思い切って小さなデイサービスを立ち上げた。これは、ハルモニの願いのなかでつくられ、介護を必要とするハルモニの昼間の居場所となった。

介護保険が始まったとき、「それはどうせ日本人の制度でしょ」と話していたハルモニたちとともに、地域活動を通して、介護保険制度を使って今を生きるという課題に取り組んできた。成人期まで朝鮮半島に暮らし、戦争政策で渡日を余儀なくされ生き抜いてきたハルモニたちは、最も制度適応が困難な世代だ。なんとか間に合うように、背伸びして活動を伸ばしてきたが、多文化共生の時代を迎え、地域活動として介護保険事業を進めなければならなかったというこの経験知は、今後も大切に引き継がれるべき地平だと思っている。

繰り返しになるが、私たちの高齢者事業の原点は、識字学級にある。在日高齢者に、チャンゴ（鼓）をたたいて民謡を歌い、みんなで民族の味に舌鼓を打ってもらうことは、楽しい場面ではあるけれど、それだけが目的ではない。「辛かったけどわが人生が尊重され、共感され、子や孫の生きる日本の地域社会がよくなっていくことを共に実感しながら、老いの今を地域で生きていきたい」、ハルモニたちの豊かな老いの保障というテーマを、私たちはこのような形で表現している。

彼女らの生きてきた時代は、「差別と戦争の時代」だ。私たちは、その彼女らの生活史の多くを占める差別と戦争について、学び受け継ぐ生き方が求められている。そんな思いから、二〇〇〇年に入って、ハルモニたちと沖縄を訪問しておばーと交流したり、広島を訪問して、韓国人被爆者の語りを聞いたりした。

沖縄と広島は、戦争の本質を最先頭で発信している地域だ。その活動に触れ、私たちはハルモニたち自身が歴史の証言者として、生活史を語ることを求めてきた。「思いだすのもつらいけど、語らにゃ気も晴れぬ」と子どもたちや市民に対して、語り部活動を担ってくれた。歴史の追体験のなかで、世代と民族はつながれるのだ、という想いを体験したように思っている。

市民連帯の扇の要に

二〇一五年初夏、戦争法案反対の声をあげて、市民が国会を包囲した。デイサービスで隣り合わせたおとなしいハルモニに、国会のデモ隊の画像をみせながら、今、日本で起きていることを少しお話しした。そうしたら、そのハルモニは、絞り出すような、祈るような声で、「もう戦争だけは絶対にやめてほしい」と語った。

この言葉は私たちの心に突き刺さった。同時に、戦争の時代を生きてきたハルモニたちと、この課題をしっかり考えあうことこそ必要だと反省を迫られた。こうして、仲間たちで話し合い、トラヂの会の時間を使って、みんなで今の国会とその周辺の動きを学ぶ会を持つこととなった。

ハルモニたちの反応はすごく大きいものだった。「私たちを国会に連れていけ」と言わんばかりの勢いだった。また、戦争の道を歩むかもしれないという不安を抱き、日本に暮らす孫たちの顔が浮かび上がったのだろう。マイクを握って、上気し、うまく語れず涙する人もいた。朝鮮戦争の話を語る人もいた。ハルモニたちがたどり着いた結論はこうだった。「足や腰が痛く、国会に行けないのなら、この街で呼びかけて、デモをしよう」。

こうして「戦争反対！　平和が一番！　桜本商店街八〇〇Mデモ」が企画された。チラシをつくり、コールを考え、横断幕や戦争反対うちわをつくり、手作りデモが準備されていった。そして、デイサービスの協力も得て、車椅子で十数人のハルモニが参加、街の商店街や町内の人も聞きつけてくれて、チマチョゴリ姿のハルモニの呼びかけに応え、二〇〇人ほどが参加し、コールを合わせた。

四〇年以上にわたって取り組まれた地域の共生のための活動の土台の上に、在日一世もまた、力強く自己表現し、参加してくれたことが本当にうれしかった。高齢者の活動を始めるころ抱いた「私たちのコミュニティの真ん中に在日高齢者がいるべきだ」という大きな宿題は、及第点をもらえ、達成されたとさえ感じた。そして、新しい交流事業の展開のヒントを受けたように思ったのだった。

この誇るべきデモに、すぐさまは、SNS上で「ここは日本だ、いやなら出ていけ」というヘイトスピーチが向けられた。そして、それが路上に出てきたのが二〇一五年一一月と翌年一月で、私たちの街を襲うようにやってきたヘイトデモだった。彼らは「日本浄化デモ」と称して、ハルモニが通ったデモコースを日本人が通り「浄化」してやるという、露骨な敵意に満ちた差別的態度を表明した。

急な襲撃に、「コリアンルーツの子どもを守れ！　ハルモニを守れ！」と仲間たちに集合をかけた。たくさんの仲間が駆けつけてくれて、いずれも街に入れなかったが、大の大人が白昼堂々と、警察に守られながら「殺せ！　死ね！」と叫ぶ異様な光景は、地域社会のコリアンルーツ市民を中心に、大きな人権被害をもたらし、その傷はいまだに癒えずに残っている。

一方、ヘイトスピーチに向き合う多数の市民の力強い支援の活動には、大きく励まされた。ハルモニたちも参加し、行政や警察が市民をヘイトスピーチの人権被害から守ってくれないのなら、市民が守るしかないと、広範な市民が駆けつけ、抗議の声をあげてくれたのである。

これらの活動は、国を動かし、川崎市を動かし、一定の成果を勝ち取ってきた。さまざまな立場の人たちが、「ヘイトスピーチにNO！」を表明し、オール川崎でつながることができたのは、ハルモニを含めて当事者の力強い発信があったからこそだった。市民連帯の扇の要の位置には、いつもハルモニの姿があった。川崎市議会各会派への働きかけにも、国会議員の現地視察にも、川崎南部で生活を刻んできたハルモニの姿があった。「地域社会で厳しい暮らしを刻んできたハルモニたちが、外からやってきた者たちに『殺せ！』『死ね！』とさらされることなど、絶対に許されるものではない」。地域からヘイトスピーチの根絶を闘うことで、強い絆、市民連帯が形成されたのだった。

差別も戦争もない地域社会を求めて

ヘイトスピーチに対して川崎市は、「差別のない人権尊重のまちづくり条例」を制定して、①差別を犯罪行為として規定し、②その解消を川崎市の責務と位置付けた。現時点では、全国に先駆けた画期的な条例であり、四〇年余、民族差別をなくす活動に関わってきた者として、①②の条文規定は、涙が出るほどの大きな前進だと感じる。

今、二〇一五年、ヘイトデモにわが街が襲われたことを振り返ると、地域社会に埋没し、箱庭づくりのような実践をしていた私たちがど突かれ、我に返らされたような想いを持っている。いやな世の中になってきたな、と思う反面、地域実践は比較的順調に前進し、実践の場を広げていくなかで、気が付いたら、路上で「殺せ！」「死ね！」を連呼するような社会になってしまっていた、ということでもある。

小さな私たちの街だけがよくなり、幸せに生きられるようになるなんてことはありえないのに、子どもたちに差別のない社会をつくることを目指してきたはずなのに、むしろ差別が平気で垂れ流される世の中になってしまった。自分たちの活動は箱庭づくりではなかったか、今、私たちの地域活動の中身が厳しく問われているのだと認識せざるを得ない。

地域社会を見渡すと、孤立と貧困、格差と分断が地域社会を覆い、生きにくさを抱えながら、それぞれがつながれない状況のなかでもがく構図が厳しく表れている。多様化の社会が到来し、新しく国境を越えてフィリピンや南米から日本にやってきた人たちも、三〇年の時間経過とともに定住外国人、エスニックルーツの日本人として、日本の下層社会のなかに組み込まれ、重複した生活課題を抱えさせられている。

こうした地域社会の劣化した状況には、つながり、社会連帯による共生の社会活動の活性化以外に対処のしようがないのではないか。だれとつながり、どんな世の中を目指していくのか、仲間が共感、共有する課題は何であるのか、そうした視点で私たちの地域活動、市民運動の再構成が求められている。

翻って、私たちの街には厳しい差別と分断の歴史のなかで生き抜いてきた在日コリアンの生活史があり、日本社会、日本人住民との「共感」と「反感」の戦中戦後史がある。ヘイトスピーチの時代、孤立と貧困、格差と分断の地域社会をつなぎ、社会変革を見通すための「経験知」がある。これを川崎市の「宝」にまで高めていきたいと思う。

在日コリアン集住地域での地域活動は、排除された状況からの始まりだった。その歩みがいつしか社会連帯を訴え、被差別の生活史が、今を懸命に生きる人たちの連帯の旗頭になり、「共生のまち」のブランドを確立すべく発信し、つながる活動を強化したい、そう心を新たにしている。

第8章 お互いさまの支えあいで心豊かに暮らせる地域社会を作る
――生活クラブ生協の実践

藤田ほのみ ◎ 生活クラブ生活協同組合・神奈川前理事長

人と人とのつながりを基本として、支えあいを広げていく

私は「生活クラブ生活協同組合（以下、「生活クラブ」）」のメンバーだ。「生活クラブ」では、食や環境問題、人とのつながり、働くことなど、暮らしのなかにあって組合員である私たちが課題と思うこと、こうしたいと思うことを自分たちの手で解決すること、暮らしや地域社会を豊かにしていくことを目指して活動している。

そのなかで、ここ数年特に重点としているのが、人と人とのつながりを基本として支えあいの輪を広げていくことだ。

これまでの章でも繰り返し論じてきたように、家族の単位が小さくなり、単身世帯も増え、地域でのつながりが希薄化するなか、生活の困難を抱える人はますます増えていく。これは他人事ではない。組合員の私たち自身も、子育て、親の介護、仕事など、日々の暮らしのなかで、誰もが困りごとや悩

みを抱え手助けを必要としている。そんなときにちょっと「お願い！」といえる場があったり、知り合いが近くにいたら、どんなに心強いことだろう。

日本の社会保障制度は、介護保険や子ども・子育ての制度、生活困窮者支援制度など、いろいろ整備されてはきた。しかし、地域や家族の抱える課題は複合的であり、縦割りの単独の制度だけでは解決できなくなっている。おまけに財源を理由に、介護保険制度や生活保護制度なども抑制の圧力にさらされてきた。

さまざまな困難を抱えたとき国の仕組みだけでは解決できず、かといって誰にも相談できず、一人で悩んでいる人がたくさんいるのではないだろうか。それを、自己責任論で個人を追いやってしまうのではなく、社会全体で解決していく取り組みが必要なことは誰の目から見ても明らかなことだ。

悲しい事件があった。二〇一六年二月私の住む神奈川県厚木市で、三人の子を持つお母さんが無理心中をはかって五歳と七歳の子の首を絞め、殺してしまう事件が起きたのだ。新しく小学校に入学するお子さんと下の子のお迎えの時間が重なり悩んでいたとか、長男が反抗期になって悩んでいたとか、ニュースでは報じられていた。

結局のところ、なぜ無理心中しようとしたか、本当の理由はわからない。けれど、もしお迎えが重なることが理由だったとしたら、子どもの反抗期が理由だったとしたら、いくらでも周りの人が気にかけてあげる方法はあったはずだし、話を聞いてあげることくらいはできたはずだ。でも、誰もそのお母さんのＳＯＳに気付いてあげられなかった。そのことが私には残念でならない。

行政が取り組む専門的な相談窓口や、ファミリーサポートなどの取り組みがあっても、それに気づけなければ誰も仕組みを使いこなすことはできない。公的な支援を充実させると同時に、地域の中で互いが互いを気にかけあえる「つながりづくり」がとても大切な課題となっていると思う。以下、私たちがこうした課題を克服するために、どんなことをやってきたのか、どんなことに悩んできたのか紹介していく。

組合員同士のつながりづくり

「生活クラブ」では、食品などの共同購入品を「班」というグループを作って分けあってきた。班は、単に共同で購入する「単位」なだけではなく、ご近所に住む組合員同士がお互いを気にかけ合い、困ったときに支えあえる関係を土台としていた。今では、個別配送の組合員が多数になったが、私たちは身近な組合員同士のつながりや気にかけ合う関係づくりを今も大切にしたいと思っている。

また、「デポー（店舗）」も単に食材を買うお店ではなく、「困ったときにはデポーに行こう」を合言葉として、組合員同士が顔見知りになり、気にかけあう関係を作れる地域の拠点となっている。

それだけではない。組合員の年齢はさまざまなので、世代を超えて知り合いになれることも特徴のひとつだ。特に、若い世代の組合員にとっては先輩組合員からいろいろ教えてもらえたり、相談に乗ってもらえたりすることもあって助かる、という話をしばしば耳にする。子どものことは子どもの同級生の親同士では話しづらいこともあり、私自身も子育てで悩んだときに、先輩組合員からかけてもらった言葉で救われてきた経験がある。

「生活クラブ」では、まだ班が中心だった一九八六年に、組合員同士が日常的に手助けしあうことを後押しする制度として「エッコロ共済制度（以下、エッコロ共済）」をスタートした。ことわっておくと、エッコロ共済の「共済」は「お互いにたすけあう仕組み」という意味で使っており、県や国の認可が必要な共済とは異なるものだ。

エッコロ共済は、組合員本人や家族に病気など何かあったときに組合員ができる範囲でお手伝いしてあげて、手伝ってくれた人に対して、ありがとうの気持ちを「ケア金（謝金）」の形で支払う仕組みだ。「ケア金」の原資は、組合員が毎月一〇〇円ずつ出し合う掛け金からなっている。専門的な事柄ではなく、あくまで組合員ができる、日常生活の範囲内のちょっとしたお手伝いの連鎖といってもいい。

例えば、組合員であるお母さんが熱を出してしまい子どもの幼稚園への送り迎えができない、そんな時に近所の組合員に送り迎えをお願いしたり、食事作りを手伝ってもらったりする。また、赤ちゃんが熱を出し病院に連れて行っている間上のお子さんを預かってもらう、などのちょっとした手助けがあげられる。

もちろん制度に頼らなくても、知り合いに困りごとをお願いできる人もいる。しかし、両親が働いていたり、近所に住んでいなかったりしていて頼もうにも頼めない、また、同じ組合員同士でも迷惑をかけるのが申し訳ないから頼めないという人はとても多い。それを「ケア金」をつうじて仕組み化することで、「お願い！」といえる関係を作りやすくすることがこの制度の目的なのである。

また、直接ケアする側される側にならなくても、自分の支払う毎月の一〇〇円が誰かの支えになっているということも、とても大事な点だ。組合員全員が加入し、みんなでこの仕組みを支えていくことを目指しているが、加入はあくまでも任意。自分は利用しないとの理由で加入しない組合員も多く、新しく「生活クラブ」に加入する組合員にエッコロ共済に共感してもらうことは、私たちにとって大きな課題の一つとなっている。

課題はまだある。エッコロ共済は、ケアの依頼を顔見知りの組合員に自分でしなければならない。普段から組合員間のつながりがないと利用しづらいのは事実だ。また、個別配送やデポーの組合員が増えるなか、頼める人が見当たらないとの理由でエッコロ共済を敬遠する組合員もいる。支えあいの前提には「関係」が必要だということ。地域のなかでの組合員同士のネットワーク作りをどう進めるか、私たちは大きな課題に直面している。

暮らしの手助けが必要な人をみんなで支える——「エッコロプラス」

エッコロ制度はその時々の必要に応じて、制度を改定してきた。だが時代が進み、家族や地域のつながりが薄くなり、困ったときに頼れる知り合いが近くにいない人は増える一方だ。特に、夫婦のみの高齢世帯では重いものの移動やゴミ出しに困っていたり、また一人で子育てに奮闘する若い世代も多く、ちょっとした手助けを必要としている人はむしろ数を増している。

表　エッコロ共済とエッコロプラス

	エッコロ共済 掛け金＝100 円/月	オプション　エッコロプラス 掛け金＝100 円/月 エッコロ共済加入者が上乗せで加入
利用対象・条件	加入者全員が場面に応じて利用できる ・加入者の入院・通院・在宅療養時・出産時など ・家族の入院・在宅療養・介護時など	1. 妊娠中あるいは小学校 3 年生までの子供がいる 2. 18 歳以下の子供がいる母（父）子家庭 3. 障がい児・障がい者が家族にいる（同居） 4. 要介護認定者が家族にいる（同居・別居どちらも可） 5. 加入者本人が 70 歳以上（独居者は 65 歳以上）
利用上限	給付金 10 万円/年	20 時間/年
サポーター	利用者が基本的には自分で探す	コーディネーターが探し，つなぐ
サポート料	600 円/時間 ＊掛け金より	800 円/時間 ＊掛け金より

コミュニティが弱まるからこそ組合員同士の関係が求められる、この矛盾のなかで、これまでのエッコロ制度ではカバーできないような困っている組合員の多様なニーズに応えるために、二〇一六年にエッコロ共済の制度改定を行い、新しく「エッコロプラス」制度を上乗せした（両者の違いについては表を参照）。

エッコロ共済は加入者が誰でも利用できるが、加入者の入院・通院・在宅療養時・出産時や家族の入院・在宅療養・介護時などの条件がある。例えば、美容院に行きたいから子どもを預かってほしい、などといった場合は「対象外」であった。

エッコロプラスの特徴は、子育て中（小学校三年生まで）や七〇歳以上の組合員などの利用対象の条件にあてはまる場合であれば、理由を問わずサポートが受けられる点にある。そして、コーディネーターを置くことで、知り合いがいなくてもコーディネーターがサポーター(組合員)を見つけて、つないでくれることも重要な変更点だ。そして、利用者であれサポーターであれ、さらには、この制度を支えたいという賛同者であれ、エッコロ共済の毎月一〇〇円にプラスしてさらに一〇〇円を支払うことで、財源を豊かにすることを目指している。

二〇一九年度から、神奈川県にある五つの地域生協内の全コモンズ・デポー(六九組織)でエッコロプラスの取り組みが始まった。ちなみに、コモンズ・デポーとは、五つの地域の「生活クラブ」の基礎組織で、地域で日常的な活動を行う単位のことだ。「コモンズ」は行政区を単位として、配送(班・個配)を受ける約一〇〇〇人前後の組合員で構成され、「デポー」は、それぞれの店舗で購入する組合員で構成されている。コーディネーターはそれぞれの組織に一人ずついるが、コーディネーターの担い手も有志の組合員だ。コーディネーターにはお金が支払われるが、この制度に共感しこれを広げたいという気持ちがあって、引き受けてくれる人も多い。

二〇二一年四月現在、エッコロプラスの加入者五五一四人のうち利用条件に該当する人が三三〇〇人、サポーター登録者二三五〇人、賛同のみの人が一二九〇人いる。一年間の申請回数を見てみると、六六二人から累計二七六一件の申請があった。そのうち子育てに関するサポートが約四分の三を占めており、家事支援や託児、送迎が多く、引っ越しの荷物の片づけを集中して行いたいのでその間赤ちゃんを見ていてほしい、年子の赤ちゃんをお風呂に入れる手伝いをしてほしい、と依頼内容はいろいろだ。仲間がちょっと気にかけあうだけで、お母さんが一人で子育てを背負い込むことなく、精神的にもゆとりをもって子育てできる環境がつくれる、私は身をもってそう感じている。

もちろん、高齢の組合員からの申請も多い。彼らが利用する生活サポートで多いのは、庭の草取りや力が必要な作業、電球交換などの高いところの作業だ。こちらもちょっとした、ささやかな手助けニーズが多いことがわかるだろう。

ここで利用者とサポーターの声をいくつか紹介してみたい。

利用者からは、「小さい子を連れて歩くだけで気を遣うので、健診や買い物に付き添ってもらうだけでも助かる」「仕組みがあることで頼みやすかった、いつかは自分がサポートする側に回りたい」「公的な制度では対象外で困っていたところ、サポーターの方に来てもらえて助かった」といった声が届いている。

また、サポーターからは「資格や専門的な知識は必要なく、誰にでもできることをお手伝いするのが役割なのでやってみようと思った」「近所のおばちゃんがちょっと手伝う程度でよければ、またやってみたい」などの声が聞かれた。

これらは嬉しい反応だが、一方で「組合員同士だからこそ、頼みづらい」「プロに仕事としてお金を払って頼みたい」などの批判的な意見も少なからずある。また、「自分は手助けしてほしいが、忙しくて手助けする側にはなれないから利用しない」という人、「昔のご近所づき合いのようなことは煩わしい」と思っている人がいるのも事実だ。私自身農村の出身で子どものころからご近所の目が常にある暮らしだったので、煩わしいという気持ちもわからないでもない。ただそこまで濃厚な関係ではなく、気にかけ合える、声をかけ合える人がご近所にいることって大事なんじゃないかと思う。そして、今は手助けされるだけでも、いつか手助けする側になれるかもしれないし、そう思って気軽に利用してみてほしいと思う。

このようにエッコロプラスがスタートし、従来のエッコロ共済の制度内で使える生活保障の申請も増えた。だが、現実はきびしい。エッコロプラスの加入率はまだエッコロ共済加入組合員の七％(二〇二一年三月末)にすぎない。利用条件を小学校六年生の子を持つ加入者にまで広げてほしいとの意見を受け、一〇％の加入で制度を変更するという目標をさだめて、賛同を広げる活動をすすめている。また、利用条件に当てはまっていてもサポーターが見つからず利用できなかったり、サポーター登録していてもサポートする機会がない人も多く、それを理由にやめる人もいる。制度を浸透させ、活用するためのしかけも今後の課題として残されている。

正直に告白すると、私たちの思いとはことなり、組合員の多くは安心・安全な食品を購入したいという動機で「生活クラブ」に加入してくる人がほとんどだ。また、個人で加入している組合員に対して、参加を呼びかけていかなければ知り合うこともできない。組合員同士がつながる仕組みとして、「ひろば活動」や地域の組合員同士がつながる「防災・減災コミュニティ」の形成など、さまざまな仕組みを提案してきた。だが、エッコロ共済やエッコロプラスへの参加呼びかけもそうだが、機関紙やチラシの呼びかけだけでは意図が伝わりづらく、共感をどう作り広げていくのか、みなが苦労しているところである。

　コモンズやデポーでは、運営委員会やテーマに応じた専門の委員会を作り、組合員集会や新規の組合員に向けた説明会、消費材の試食会や調理会を開くなど、直接会って伝える活動を大切にしてきた。しかし、コロナの感染拡大で直接会って伝える活動ができなくなっている。オンライン企画など、少しずつ工夫しながら、組合員の参加を広げる取り組みを進めていかなければならない。

「気づき」から始まる活動とその難しさ

　二〇〇八年頃から日本の社会問題として、子どもの貧困問題がクローズアップされてきた。そして、二〇一四年頃からは全国でいわゆる子ども食堂が広がってきた。

「生活クラブ」の組合員のなかにも、自主的に地域の仲間とともに、子ども食堂や居場所づくりに取り組む人が増えている。ここでは「生活クラブ」の活動から始まって、地域の人たちと連携した取り組みを行っている活動事例を紹介したい。

　さがみ生活クラブ生協では、二〇一六年度から各コモンズ・デポーの組合員活動として、子ども食堂や空き家を活用した居場所づくりに取り組み、組合員に向けて空き家の提供を呼びかけてきた。

　例えば、座間では組合員から提供のあった場所を借りて「ひだまりの家」を開設し、座間コモンズ、地域の子育て支援団体「アクティヴ・ママ」と家主さんの三者で作る「ひだまりの家プロジェクト」が運営・管理を行っている。この地域は高齢者が多く住んでおり、また、ひとり親家族や外国籍の子どもの学習支援などの必要も見えていた地域だ。「アクティヴ・ママ」は座間市や社会福祉協議会と連携して子育てサロンや学習支援を行っている。また、座間コモンズの組合員が中心となってカフェを開催するなど、地域の人びとの交流拠点を目指している。

また、あやせコモンズでは、綾瀬市の福祉プラザを借りて「ぱくぱく食堂」という子ども食堂を月二回開催してきた。コロナウィルスの感染の影響で残念ながら今は活動を休止しているが、何かできないかメンバーで話し合い、二〇二一年八月からは「ぱくぱく食堂」独自で「フードリンク」という食品を提供する活動に取り組むことになった。

以上の事例の先駆けとなったのは、緑さがみはらコモンズの「あいおいみんなの食堂」の取り組みだった。この活動が始められたのは、当時、緑さがみはらコモンズの運営委員長の佐藤さん（現あいおいみんなの食堂の代表）に「自分たちの身近にも困っている子どもがいるんだ」という気づきがあったからだった。

佐藤さんは、保育園のお迎えに小学生が来ている姿を見かけたり、公園で子どもを遊ばせているときにいきなり知らない子にパンを買ってほしいとせがまれたりした。そんな経験からの気づきが活動の原点となったという。そして、いろいろなデータを調べるなかで、活動拠点としている相模原センターがある中央区の貧困率が高いことを知り、そういう子どもたちに何か手を差し伸べることができたら、そう思ったのがきっかけだったそうだ。

緑さがみはらコモンズの運営委員会では、東京で子ども食堂を行っている方の講演会を開いたり、茅ケ崎の居場所を見学したりして、自分たちにできることは何かを考え、話し合った。まさに手作りの活動だった。そして、子どもも大人も誰もが参加できる「みんなの食堂」を立ち上げることが決まった。

立ち上げにあたっては組合員に向けて集会を開催したり、コモンズ大会(年度の方針を決める集会)で参加を呼びかけたりした。そこで、食事を作ることなら自分にもできる、何か役に立つならやってみたい、という組合員の参加を得てプロジェクトチームを立ち上げた。

最初に相模原市に相談したときは、「子ども食堂」の存在が知られておらず、説明に苦労したそうだ。また、社会福祉協議会、市民活動サポートセンターや自治会などを訪問し、アドバイスや支援をもらえたそうだが、ここでも一番苦労したのは「子ども食堂」という取り組みへの理解を周知することだったという。

子どもの貧困問題を語ってもなかなか理解してもらえず苦しむなか、自治会長さんが理解を示してくれて、自治会の回覧板にお知らせを入れてくれることになったのはとてもうれしかった、と佐藤さんは振り返る。その後、相模原市内で子ども食堂を実施する団体が増えたことで、市が主催する連絡会ができ、フードバンクかながわと相模原市が協定を結ぶことで市を通じて食品の提供が行われるようになった。

「あいおいみんなの食堂」は、相模原センター(配送センター)の二階の会議室と調理室を借りて、毎月第二・四金曜日の夕方に開いてきた。毎回大人子ども合わせて五〇食ほどを出していたが、食材の提供は「生活クラブ」の生産者である食品会社やセンターの近所のパン屋さん、家庭菜園など、いろいろだ。

子どもたちだけでなく、一日中誰とも会話がない一人暮らしの近所の高齢者や、乳幼児を抱えたお母さんなど、参加者はさまざま。回を重ねるに従い自然に会話が生まれ、互いに気遣いあう関係が生まれてきたという。お世話をする側される側ではなく、スタッフも含めて参加者が自分たちの居場所として約束ごとも決め、楽しい時間を過ごせるように工夫がなされてきた。

代表の佐藤さんはいう。「『みんなの食堂』を始めて、本当に困窮している人は参加しづらいこと、そういう人ほど来ないこと、それでも届けたい人に届けるためには『間口を広げる』ことが大事だということ。それと、食堂に来る理由はそれぞれあり、食堂に来ることが少しでも助けになるなら続けていることに意義がある、そういうことも時間をかけて取り組んできたことで気づけた」、と。

スタッフは今一二人いるが、「生活クラブ」の組合員も含めて、多くはセンターのご近所の人で、基本的にボランタリーな活動だ。

スタッフのなかにはお子さんが食堂の利用者で、興味を持ってくれた人もいるし、社会福祉協議会やサポートセンターから紹介されてスタッフになった人もいる。あるスタッフが話してくれた。お連れ合いをなくされてから、家で一人過ごす時間が長くて寂しい思いをしていた。何か自分に役に立つことがあったらやってみたい、食事作りならできるということで仲間になったが、活動はやりがいがあるし、なによりも家に一人でいるより、みんなと一緒にこうしていることが楽しくてしかたない……と。

運営の方法など、なにごとも月一回のチーム会議で話し合って決めている。だが、参加は強制ではなく、実際に毎回半分くらいの参加で回している。それでも会の運営にあたっては、このチーム会議で話し合うことが合意形成のカギになっている。

とても残念なことに、コロナウィルスの感染が広がるなかで、二〇二〇年二月を最後に食堂を中止せざるを得なくなってしまった。だけど、それでも困っている人はいる。ここで活動をやめてしまうのではなく、自分たちに何かできることはないか……ここでも大事にされたのは、メンバーみんなでの話し合いだった。そして、相模原市と相談のうえ、食材を無償で配布するフードパントリーを実施することとなった。創設当初とくらべ、住民の力、行政との対話の質は明らかに高まっていた。

　現在は、月二回金曜日の夕方五時から一時間、食材の提供を行っている。その日によって人数に多少差はあるが、三〇名ほどの親子が食材を受け取りに訪れる。嬉しそうにパンを受け取って帰っていくお子さんがいたり、お米などももらえて本当に助かったと話すお母さんもいる。しかし、感染防止のため、会話もそこそこに帰ってもらわなくてはいけないので、食堂のときのようなつながりを作ることはできずにいる。

食材提供に切り替えてから、子ども食堂のときには来ていた小学生たちが来なくなったことも気がかりのひとつだ。「こどもの日」を設けて、お菓子をプレゼントする企画を実施するなど工夫をしているが、早く前のような食堂を再開したいとスタッフは口をそろえていう。再開のめどは立たない。

だけど、できることをできる範囲で精一杯工夫してやっていくしかないと、みなが口をそろえる。

共同企業体という新しい形

私たちは、誰もが心身の病や家族の問題など、さまざまな理由で働けなくなるリスクを抱えている。所得が多い少ないとは無関係に、だ。だから、生活困窮は「他人事」でなく私たち自身の問題であり、地域の問題でもある。

二〇一五年四月から生活困窮者自立支援法がスタートしたことをきっかけに、「生活クラブ」では、生活困窮者支援などの具体的な活動や事業に取り組むことで協同組合としての社会的な責任を果たしていくこととした。

具体的には、どんなことをやっているのか。二〇一六年度には神奈川県の「生活再建支援相談事業（多重債務相談など）」を受託した。組合員を対象に「家計相談員養成研修」を開催し、専門家の支援をもらいながら、必要なスキルを身につけた組合員が相談員として対応にあたってきた。また二〇一九年度からは、神奈川県町村域において「家計改善支援事業」も新たに受託した。このような相談事業のほかに、行政から「就労準備支援事業」を受託し、はや三年半が経つ。

市民が非営利事業を起業することを支援する「特定非営利法人ワーカーズ・コレクティブ協会（以下、Ｗ・Ｃｏ協会）」は、早くから横浜市で就労準備支援事業に取り組んできた。その実績を踏まえ、二〇一七年一〇月から、座間市の就労準備支援事業をＷ・Ｃｏ協会、さがみ生活クラブ生協、「生活クラブ」の「共同企業体」として、受託することになった。共同企業体の名称は「はたらっく・ざま」。拠点は、小田急線の相武台前駅の駅前だ。

共同企業体で受託するにあたり、W・Co協会で就労準備支援事業に関わってきた岡田さんをスーパーバイザーにむかえ、「生活クラブ」から一名の専従職員をスタッフとしたが、あとのスタッフは近隣の生活クラブの組合員で構成された。二〇二〇年度の新規利用者は一九人、前年からの継続利用者は三五人、開設当初は、圧倒的に二〇代で家族と同居の若者が多かったが、現在は高齢者や外国籍の人まで、さまざまな人が座間市から紹介を受けて相談に訪れている。

この共同企業体は、専門家集団ではない。だからこそ、岡田さんはスタッフが利用者と向き合うにあたって注意すべき点がある、という。

① 支援をする人、してもらう人の関係は作らない。
② だけど、変になれなれしい大人にはならない。
③ 利用者の困りごとを事実から受け止め、勝手な想像や自分の価値で決めつけない。
④ 困ったらスタッフで協議して良い方策を考える。
⑤ それでもわからないときは、市の担当者や専門職と相談してアドバイスをもらう。

「はたらっく・ざま」では、ひきこもりの若者や、離職期間が長かったり就労経験が浅かったりする人たちを対象に、生活習慣を見直し就労への意欲を高めるためのさまざまなプログラムを提供している。

利用者一人ひとりに沿った支援プログラムを行っているが、最初に受講するのは、清掃や片づけ、洗濯、調理、お金の管理方法といった、自立した生活を送るための講座だ。これらの講座は、決まった日時に通うことや、緊張することや人と話すことに慣れるためのきっかけづくりでもある。その後、実習先への「職場見学」や事業者から働く場の様子を聞く「事業者交流会」などの後、二カ月交代で二カ所の事業所で体験実習を行っていくことになる。

現在、デポー、ワーカーズ・コレクティブ、ＷＥショップ(リサイクルショップ)、「生活クラブ」のセンターをはじめ、地元のスーパーなど実習の協力事業所は一一カ所におよぶ。「はたらっく・ざま」が入居する雑居ビルの管理会社やビル内のコーヒーショップ、近隣のご夫婦で営む花屋さんなども実習の受け入れ先になるなど、地域が地域の若者を受け入れ支援するネットワークが広がりつつある。

食べること、学ぶこと、ともに働くこと

また、就労準備の一連の講座のほかに、さまざまな企画も行っている。それは、利用者一人ひとりに向き合うことで個別課題を発見し、個々に対応できるようにすることがねらいだ。こんな話がある。朝起きられない、食事を十分にとっていない利用者がいたのだが、スタッフが昼食を提供し、食事をとってから実習に行くようにしたところ、皆勤できるようになったというのだ。

この成功体験はスタッフにとって大きなものだった。この経験を全体化し、「はたらっく食堂」と名付けて、自主事業として月二回、定期的に食事の場を提供するようになったのだ。利用者のなかには、家族で食卓を囲む経験が少ない人も多く、複数の人と一緒に食べることで箸の持ち方やコミュニケーションの方法を学べたり、楽しく食べておいしさを味わうことができたりするなど、想定外の波及効果も見られる。「食べることの力」を感じずにはいられない。

就労準備と言えなくもないが、こんなこともあった。ずっと学校に通えていなかったのでほとんど漢字が書けない利用者が実習に行ったとき、報告書に漢字が書けないことを恥ずかしく思い、漢字を学びたいという意欲が出てきた。そこで、元教師の生活クラブの組合員に依頼し、月一回漢字を学ぶ特別講座を行うことになった。講師を務める組合員が、「漢字のほか、世間のいろいろなことを知りたいという希望に応えて説明したりしている。自分の勉強にもなり、人の役にも立つことができ、今では自分の方が参加者の皆さんに応援されている気がする」と語ってくれたのが印象的だった。

このように「はたらっく・ざま」の活動が充実している理由の一つとして、岡田さんは、座間市との「関係」があるという。

「委託元の自治体とは、いつでも必要に応じて問題の共有化をはかり、解決への協議ができる良い関係をつくることを心がけてきた。自治体がこの事業をどう捉え、どうしていきたいのか、共同企業体の私たちが困っていることは何かなど、お互いを知るための話し合いは大切だ。座間市とは、定例の支援調整会議以外に担当者と必要に応じて打ち合わせをする関係をつくってきた」

「利用者の個別支援で相談する際には、言いつけ型ではなく提案型で話すことを心がけている。一緒に問題解決する関係づくりがこの事業では一番のポイント。例えば、座間では、近年なかなか出てこられないひきこもりの子どもを抱える家族からの相談が増えてきた。ご家族に支援内容を説明しても、肝心な当事者がその気にならなければ支援はできない。そこで座間市に相談したところ、専門家が入る必要があるとの判断から、昨年の八月から市の自立相談支援事業に新しく精神保健福祉士によるアウトリーチ支援が始まった」

「はたらっく・ざま」では、これまで二二人が一一の事業所で就労するようになった。だが、なかには難病を抱えていたり、メンタル面が不安定で一般就労は難しい利用者もいる。放っておけばひきこもりに戻ってしまう人たちだ。またアウトリーチ支援でようやく外へ出る気になっても、「はたらっく・ざま」には精神的に通うことが難しい人がいることもわかってきた。そういう人たちが、いつでも自由に出入り可能な居場所が必要だということが現場でも見え始めていた。座間市も支援を通して居場所の対象者が顕在化されてきたこともあって、二〇二一年度から新事業として「座間市ひきこもりサポート事業」が実施されることとなった。

制度の枠で支援していけることには限りがある。今後「はたらっく食堂」をボランティアの運営で常設したり、就労したあとも気軽に立ち寄れるほっとできる居場所を「生活クラブ」の組合員や地域の人たちとつくっていく。そんな取り組みを想像しただけでも胸が踊る話だ。

このような座間市での経験を踏まえて、二〇一九年八月から湯河原町で就労準備支援事業と居住支援事業が始まった。こちらは、W・Co協会と「生活クラブ」、湘南生活クラブ生協との共同企業体「はたらっく・ゆがわら」で神奈川県小田原保健福祉事務所から委託を受けている。また二〇二一年三月からは、平塚市で就労準備支援事業が始まった。地域によって、利用者の抱える事情は異なる。だからこそ、一人ひとりの抱える困難に、それぞれの地域に住む「生活クラブ」の組合員や住民たちが向き合うための仕組みづくりが求められているのだ。

「かながわ生き活き市民基金」と「フードバンクかながわ」の取り組み

二〇〇三年のことだ。「生活クラブ」では、市民事業や市民の活動を支援し、地域社会を豊かにするために、「生活クラブ福祉たすけあい基金」を設立した。組合員一人ひとりの想いを一〇〇円に託して市民ファンドをつくり、たすけあいを豊かにする活動に使おうというアイデアだ。そしてこれを発展・継承し、二〇一三年四月に創設されたのが、「公益財団法人かながわ生き活き市民基金(以下、「生き活き市民基金」)」である。

地域には、地域の課題解決・活性化などの活動を推進する団体があるが、それらの団体とそうした活動を支援したい人びととがうまくつながれていない。だから、両者をつなぎ神奈川の市民活動の社会的基盤を充実させつつ、地域の公益を支える仕組みを構築することを目的としてこの基金が創設された。一万人を超える「生活クラブ」の組合員の毎月一〇〇円のカンパで、多くの市民事業を助成している。

公益法人となって二、三年くらい経つと、子どもや若者の孤立・貧困の克服や、人と人のつながりをテーマとするような市民活動からの申請が多くなってきた。「生き活き市民基金」では、二〇一六年度からこれらをテーマとするフォーラムを開催し、地域の課題に目を向け、課題解決に汗をかく市民団体と地域市民をつなぎつつ基金の賛同者を広げようと頑張ってきた。

「生き活き市民基金」では、二〇二〇年度に通常の助成プログラムに加え、新型コロナ対応の緊急助成プログラムを設置し、子どもや社会的に弱い立場の人たちへの支援を行っている市民活動団体への緊急応援助成を実施した。四期にわたり、基金に賛同する多くの市民、「生活クラブ」やユーコープの生協の組合員から寄付が寄せられ、のべ一八七団体へ総額で約一五〇〇万円の助成を行うことができた。

印象的だったのは、新型コロナ対応応援助成団体のうち、子ども食堂（コミュニティ食堂）・学習支援活動・フードバンク活動など、子どもの貧困に取り組む団体への助成がのべ八二団体もあったことだ。子どもの貧困問題に取り組む団体への支援は、これからも必要なものであり、二〇二一年度には「子どもの貧困に立ち向かう市民活動応援基金」を設け、年度内の助成につなげていくこととなっている。

格差・貧困社会の進行に対して社会的連帯を以て問題解決に取り組もうという動きを、二〇一五年に協同組合・労働団体・市民団体でつくった。研究テーマをマイクロクレジットとフードバンクの二つとした。二〇一六年秋にフードバンクに特化した検討会を立ち上げ、二〇一七年四月に準備会を設立し、一年後の事業開始をめざした。そして二〇一八年三月に、「生活クラブ」、生協ユーコープ、生

図　フードバンクかながわの組織図

協パルシステム神奈川などの協同組合と労働福祉団体、市民団体一二団体で、「一般社団法人フードバンクかながわ」が立ち上げられた（現在は公益社団法人）（図）。

フードバンクかながわは、個人や団体・企業から、消費するには十分安全であるにもかかわらず廃棄されてしまう食料の寄贈を受け、食料を必要としている生活困窮者等に行政機関や非営利団体を通じて分配している。これは中間的な組織であって、直接個人への支給（支援）は行っていない。この事業を通じて、地域の相互扶助の社会づくりを目指すとともに、社会の食品ロス削減および社会福祉の増進に寄与することが目的だ。

二〇二一年の三月で、フードバンクかながわが設立され丸三年になる。現在、食品寄贈事業者は一五五社になるが、食品の寄贈はこうした企業からの提供と、生協などが行っているフードドライブ（配送コースを使っての回収や店舗での提供受け入れ）などによる個人からの提供で成り立っている。

店舗を持つ生協では「回収箱」を設置し食品の寄付を呼びかけているが、いくつかのスーパーの店頭にも「回収箱」をおいてもらえるようになった。二〇二〇年度は前年の実績を大幅に上回り、一年間で合わせて二一〇・二トンの寄贈があった。新型コロナウィルスの感染拡大による非常事態宣言や自粛を受けて、行き場を失った食品の提供が多かったことが主な原因である。

行政や社会福祉協議会五三団体と子ども食堂や居場所、福祉施設など民間の一六二団体と協定書を結び食品の提供を行っているが、二〇二〇年度は二二九八回、一九四・二トンの食品提供を行った。コロナ禍のなか、失業や休業などで家計が苦しい人が急増し、特にひとり親家庭の困窮がさらに進んでいる。また、アルバイト先がなくなった学生などへの支援も増えている。子どもの貧困問題などから増えた子ども食堂が、コロナの影響で集まって食事ができなくなるなかで、フードパントリー（食品提供）に移行する団体も増え、フードバンクかながわからの食品提供がこれを側面から支援する形となっている。

「生活クラブ」では、この間フードドライブによる組合員からの食品提供の受け入れや、賛助会員の呼びかけ、センターを食品受け渡しの拠点としての協力、食品仕分けのボランティア参加などを進めている。フードバンクの活動への共感者は多く、仕分けボランティアやフードドライブへの協力も多くなっている。

フードバンクかながわには、支援団体を通じて利用者からのメッセージが届く。コロナ禍の前の話だが、一つのメッセージが忘れられない。それは「フードバンクからの食糧支援で子どもにお弁当を持たせられるようになり、とてもうれしい。これまで、子どもは昼休みは校庭などで一人で過ごすことも多かったけれど、みんなと一緒に昼休みを過ごせるようになった」というものだ。

ひとり親家庭には困っている人が多いという話は聞いていたが、実際にそういう家庭があるということを直接知って、深く考えさせられた。非正規雇用が多いひとり親世帯は、コロナ禍でますます仕事が減り苦しい家庭が多くなっている。フードバンクの活動が役に立っているのはうれしいが、本来はお弁当を持たせてあげられるような世帯収入が得られるような根本的な支援や制度が必要だと思う。

おわりに

本章では、「生活クラブ」と関わりのある協同組合活動について紹介してきた。協同組合は会社組織と違い、組合員自らが参加して、自分たちに必要なニーズや願いごとを「協同の力」で手にする組織である。だから、出資も、利用も、運営も、みんな組合員が行っているところに特徴がある。

メンバーシップの組織なだけに、ともすると内向きで自分たちの利益だけを追っているように誤解されることがある。しかし、協同組合の原則の一つとして、地域社会への貢献が挙げられていることからもわかるように、多様な地域社会の課題の解決に協同組合の果たす役割は大きなものがある。

コロナウィルスの感染拡大は、特に女性・子ども・若者にしわ寄せが行き、女性や若者の自殺者の増加、生活困窮者、路上生活者が増加している。コロナ感染をはじめとしてさまざまな社会問題の解決を個人の責任に帰する風潮を改め、社会全体で解決していくことが求められていることは、誰の目にも明らかなことだ。コロナが終息した後どういう社会をつくっていくのかを考えたときに、地域に密着した協同組合が柱となって、相互扶助・共助・互恵を原理とする「社会的連帯経済」を広げていくことは、ひとつの、だが重要な選択肢だといえるのではないだろうか。

地域で顔の見える関係をつくり気にかけ合う関係を広げていくこと、地域でお金を回していくこと、雇用の創出、環境問題の取り組みや、女性、若者、高齢者、障がい者などの社会参加を促していくこと、協同組合に期待される役割は大きいと私はいつも感じている。とりわけ、日本には生協に限らず多くの協同組合組織があるが、先に紹介したフードバンクかながわの取り組み事例のように、地域のなかで協同組合同士がもっと連携してより良い社会を作っていくことが求められているし、可能だと思う。

自分の住み暮らす地域のなかで、人と人がつながり、お互いがお互いを気にかけ合うような関係を結んでいく、そんな活動を協同組合が旗振り役となって進めていけたら、こんなに嬉しいことはない。

第9章 壁と共に去りぬ
――リアルとの同期に必要なこと

馬場拓也 ◎ 社会福祉法人愛川舜寿会常務理事

総武線のなかに見えたもの

僕が都内での移動で、総武線に乗って、新宿から千葉方面に向かっていたときのことだ。ドア付近には、外を眺めながら「揺れている」男性。歳の頃は僕と同じくらいだろうか。ゆらゆらと左右に身体を揺らしながら、何かをブツブツと喋っている。

しばらくすると「パンパン」と手を二回ほど叩いて声をあげて笑った。そのすぐ隣の席に座っていたのは制服姿の女子高生二人。彼のことを怪訝《けげん》な表情で見ている。

彼の身体の揺れが徐々に大きくなってきたのを見て、二人は向かいの席からこちら側の席に小走りに移動し、今風の言い草でこう言った。

「やばっ、マジ怖いんだけど」

身長は一七〇センチくらい。ツバ付きのキャップを目深にかぶり、赤いリュックを背負って、ジーンズ姿の彼。

女子高生が恐れ慄いていたそのあいだ、僕の頭のなかには、中学の同級生「マサキ」の姿が浮かんでいた。

マサキは朝礼で先生の話を聞いているときや、授業中でも大声をあげることがあった。悲しいときや怒ったときは大きな声で泣いたりもした。そして、嬉しいときは身体をゆらゆら左右に揺らし、手を叩いてジャンプした。声をあげながらスキップするように廊下を駆け抜けていくこともあった。

怯えて「やばっ」と言った女子高生と、「マサキ元気かなぁ」「あいつ今何してるのかなぁ」と呑気にそんなことを考えていた僕。この違いは一体なんだろう。

僕は頭でその状況を整理したわけでもなければ、僕自身が「共生感覚」に優れた、崇高な福祉実践家なわけでもない。同級生にマサキがいて、思春期を共にした中学時代が「たまたま」あった。ただそれだけ。裏を返せば、マサキがいなかったら僕もどうしていいかわからず、そのとき「やばっ」と言ったのかもしれないのだ。

ホテル行きたい!!

もう少しだけ、マサキの話をさせてほしい。

彼とはじめて会った中学の入学式のこと。体育館で僕らは整列している。校長先生が祝辞を述べていたそのとき、怒号のような声が響き渡った。

「(大声で)ホテル行きたいーー!!」

「はぁ!?」

体育館中に轟く大きな声を出した生徒、それがマサキだ。

生徒や保護者は一瞬ザワザワした。僕らの中学校は、学区内にある二校の小学校の生徒たちから構成される。僕の小学校にはマサキのような子はいなかった。つまり、静かにしなければならない状況であんな大声を出す子を、僕と同じ小学校の同級生たちは知らなかった。僕もどうしていいか分からず、心のザワつきがあったのは確かだが、僕の隣にいた生徒は至って平然とした面持ちで僕にこう言った。

「あれマサキって言うんだぜ」

「あいつどうしたの？」

僕は小声で聞いた。

「うん、まぁいつもあんな感じ」

「へぇ……」

マサキと小学校六年間を過ごした子たちは当たり前だが、何一つ動揺などしていない。

「マサキくん、シー」

なだめる女子。

「マサキ、うるせえよ」

突っ込む男子。

「ホテル行こうね」

そう小さく言うマサキ。

一方、僕と同じ小学校から来た子たちはみなどうしていいかわからず、固まっていた。

「ホテル行きたいー!!」

マサキの雄叫びのファンファーレが鳴り響き、僕らの中学校生活は幕を開けた。しかし、これは一三歳の順応性の高さだろうか、マサキという存在は、一学期が終わる頃にはすでに、僕らの当たり前になっていた。

ある日の昼休みのこと。いつものように「ホテル行きたい！　ホテル行こうね!!」と騒いでいるマサキ。いつものように「やれやれ」と思っている僕ら。

友だちのヒロシがふと僕に聞いてきた。

「拓ちゃん、マサキのアレ（ホテル行こうね！）ってなんのことか知ってる？」

「え？　知らない」

ヒロシは笑いながら言った。

「あれさ、修学旅行のことなんだよ」

「マサキ、みんなと泊まった修学旅行がすげー楽しかったみたいで、帰ってきてから言うようになったんだよねアレ。面白いよな」

「へぇ、そうだったんだ…」

マサキの「ホテル行こうね!!」の絶叫は、翻訳すれば、「またみんなと修学旅行に行きたい」だったのだ。そのとき、マサキの心の声をはじめて味わえたような気がして、思春期真っ只中の僕は、なんだか熱くなった。

カンボジアから友をおもう

僕は、神奈川県の北部に位置する愛川町という人口約四万人のまちで活動する「愛川舜寿会《あいかわしゅんじゅかい》」という社会福祉法人の二代目経営者だ。某外資系アパレル企業から三四歳のときに転身した。うちの職員の八割は地元人材によって構成されている。小・中学校の先輩後輩などがいたり、友達のじいちゃんばあちゃんをケアする、あるいは最期まで看取るなんてこともざらにある。そんな土着《どちゃく》の介護施設を運営している。

認知症や障がいをはじめ、シングルマザー、生活困窮者、不登校の子ども、社会的孤立、そして、外国にルーツをもつ子どもたち……田舎まちの課題ではあるが、これは、経済成長をひたすらに追い求めてきた国家がはらむ問題に通じている。

それは「いかに生産するか」に価値が置かれた社会ができあがったということだ。便利さと引き換えに、豊かさが二の次になったこの国では、ただ「生きている」ということ、それ以上に何かを背負わされているような感覚に陥ることが多い。

福祉事業に関わって一〇年が経ち、この社会の閉塞感や、大小何らかの生きづらさを知ることで、視野が少し広がった感覚があった。そしてそれは、僕の暮らす地元のおかげだったとつくづく思う。

愛川町では、人口約四万人のうち外国人比率が七%を超えていて、その割合は、県内三三市町村においてダントツのトップだ。外国人比率が高いのは、総面積二三四万㎡をこえる内陸工業団地があるからで、そこに多くの外国人雇用が生まれている。

当然彼らの子どもは町内の小学校に通うので、町内のある小学校では全校生徒四八〇人のうち外国にルーツを持つ生徒は一〇〇名、二〇%を超え、国と言語は実に一八カ国一〇言語にも及んでいる。

僕らが運営する認可保育園「凸凹《デコボコ》保育園」でも、日本を含め一〇カ国の子どもたちが一緒に過ごしている。さらに、同じ園内で「凸凹文化教室」(児童発達支援と放課後等デイサービス)を展開しており、障がいのあるなしや国籍によらず、生後四カ月から一八歳の子どもたち約一〇〇名が一緒に過ごす環境になっている。

中学卒業と同時に故郷を離れ、約二〇年ぶりに地元に腰を据えることとなった僕は、三〇代半ばになってはじめてこの地域の多様性の当たり前さに気づいた。

外国人集住地域で育った僕には、南米や東南アジアにルーツがある友人がいる。そのなかのひとり、友人のタローはカンボジアにルーツを持つ。

これまではっきり言ってタローに特別な(外国人という)意識を向けたことはない。もちろんいい意味でだ。そんななか、仕事で訪れたカンボジアで、僕はたまたまプノンペンのS21(トゥールスレン=

「政治犯」の収容所）に立ち寄ることになった。

カンボジアでは、一九七五〜七九年のポル・ポト政権時代に歴史的な国内大虐殺が行われていた。国内で「知識・富裕層」をターゲットに、二〇〇万人とも言われる人が犠牲になった。たまたま立ち寄ったS21で、僕はタローやその兄弟が生まれた時代と、その時代がピッタリと重なっていることにはじめて気づき、心拍数が上がった。

そこでは当時の建家をそのままに、若者が書いた手紙や残酷な拷問の内容、そして少年少女や、僕と同年代とおぼしき犠牲者全員の生々しい顔写真などが展示されていた。

一九七六年生まれの僕が生まれた当時、カンボジア国内で起きていた虐殺の事実、そしてその現場。タローの家族はその国内大虐殺から逃れるために、命からがら日本にきたという背景を目の当たりにし、異国の地でタローやその家族のことを想った。

カンボジアやポルポト政権という「情報」は僕の頭が知っている。しかしそれだけでは「心」は動かない。その場の気温、匂い、光、空気、そして顔の浮かぶ「あの人」。「情感」という言葉を辞書で調べると「物事に接したときに心にわき起こる感情。また、人の心に訴えるような、しみじみした感じ」とある。これもまた、僕の周りの人間たちから与えられた情感だ。リモートやバーチャルを手に入れた現代においても、リアルの圧倒的迫力は、人を中心として事業や活動を構想するうえで最も大きな動機づけとなる。

福祉は豊かに生きるためのひとつの手段だ。少子高齢化、人口減少社会での、高齢者・障がい者・

子どもなどにおける課題とともに、この多様性あふれるまち、ひと、環境といった「ご当地課題」を解決することが目的だ。そして、これが地域福祉という言葉の意味であり、その実践の都度、たった一人の誰かの物語や経験や失敗が、実践を前進させるための燃料となる。少なくとも、僕が突き動かされるのはいつもリアルのなかにある。

デイリーストア

こんな「リアル」もあった。幼少時代、近所のヤマザキデイリーストア（以下、デイリー）には脳性麻痺で車椅子のお兄ちゃんがいた。会話は聴き慣れれば可能だった。店番をするおばちゃんは、車椅子に乗った我が子といつも店で過ごしていた。

僕らはその息子さんのことを「デイリーのお兄ちゃん」と呼んでいた。小学校三年生頃だろうか、当時僕は、デイリーであるものを必ず買う、いや、買わなければならなかった。それは、一九八〇年代に日本中の少年たちを虜にした、菓子メーカー「ロッテ」のヒット商品「ビックリマンチョコ」だ。

当時は「一人三個まで」と購買制限が設けられたり「おまけのシールだけ抜き取ってお菓子を捨てるのは禁止」などと貼り紙がされるほどで、社会現象にもなっていた。当然、すぐ品切れとなり、シールを集める子どもたちにとっては激しい争奪戦が繰り広げられた。ある日、友達から「ビックリマン入ってたよ」と情報を聞きつけた僕は自転車を走らせ、「聖地」デイリーへと向かった。

デイリーの店の前には、既に五、六年生が屯《たむろ》っていて、嫌な予感がした。自転車を店先のガチャガチャの脇に停め、ビックリマンのコーナーへと走ったが、予感は的中した。高学年の先輩諸兄は小三の僕より情報がひと足早い。すでにその猛者たちに買い占められていたのだ。

肩を落とした僕がトボトボと店を出ようとすると、「おい」と背中から声をかけられた。振り返ると、居間につながるのれんの先から、お兄ちゃんが拘縮《こうしゅく》した手で手招きをしている。ちょこちょこと歩み寄ってみると、車椅子に座るお兄ちゃんの膝のうえに、ビックリマンが「三つ」あった。

お兄ちゃんは「ほら」と僕に渡し「ひひひ」と笑った。そしてひとこと「友達に言うな」と言った。僕は細かく二回首を縦に振り「うん、わかった」と頷いた。

あの少年時代、お兄ちゃんから受けたサプライズを今でも覚えている。しかし、このとき僕が嬉しかったのはビックリマンチョコが買えたことだけではなかった。

漠然と「コミュニケーションが難しい」と決めつけていた障がいのあるお兄ちゃんと、親やおばちゃんを介してではなく、はじめて「二人だけで」通じ合えたことが、当時の僕には、そこはかとなく誇らしく、嬉しくもあったのだ。

調和する快感

それから三〇年が経った。ある日病院受診することになった僕が、患者たちで溢れかえる待合室に到着すると、混雑していて座る場所もない。ふと待合室の奥の方に目をやると、大きめの電動車椅子に乗った男性がいた。

デイリーのお兄ちゃんだった。

しばらく見ない間におじさんになっていた（あちらからすれば僕も随分おじさんになっていたと思うが）。二〇年近く地元を離れていた僕は、数十年ぶりの再会に思わず、「あ！　デイリーのお兄ちゃんですよね？」と声をかけた。大きな車椅子のうえで、身体をよじりながら僕を見あげたお兄ちゃんは、わかっていない。

無理もない、僕は自分の顔を指差し、「馬場拓也です。ほら、ミノワホームの」と言うとお兄ちゃんは、片目をつぶりながら僕をしばらくじっと見て「あ、わかった」と言ってくれた。静かな待合室では、みなが僕とお兄ちゃんのやりとりに注目し、視線をこちらに送っていた。

その後、僕とお兄ちゃんはとなりのベッドでリハビリを受けた。理学療法士に指導を受けながら、寝返りを打つ練習をしているお兄ちゃんと、痛めていた右肩をリハビリしている僕。時折り目が合うと「ひひひ」と笑い、目で意思疎通を図った。

お兄ちゃんはここの「常連さん」のようで、「はい、〇〇さん、ほらもうちょい！　がんばって！」と、ときに職員たちと笑いながら、額に汗を光らせ、和気あいあいとリハビリをしていた。

先に終わった僕は「じゃ、お兄ちゃんお先に」と声をかける。「はい、ありがと」とお兄ちゃん。僕はあの頃のように、調和する快感を味わい、軽い足取りで病院をあとにした。

はじめの総武線内の彼の話に戻そう。

あのとき、興味深く観察していた僕には、彼がおそらく自閉症であることや、彼の同じ動きを繰り返す「常同運動」の理由も、なんとなく想像できていた。女子高校生の視界にはきっと入っていなかっただろう。浅草橋駅を過ぎたあたりから見えていたものが。

彼がそのときたまたま見つけたのか、それともいつも使う路線で「そろそろ見える」と期待を高めたのかはわからない。だけど、手を叩き身体を大きく揺らしたことで「やばっ、マジ怖いんだけど」と言われてしまった彼の視線のその先には、都会のビルの谷間に圧倒的な存在感でそびえ立っていた「東京スカイツリー」が確かにあった。

現代に生きる僕らは、スマホというＩＣＴツールを手にし、ＳＮＳなどテキスト中心の「非同期」型の通信を駆使することで、あらゆる情報へのアクセスや、他者との合理的なやりとりが可能となった。しかし、僕がここまで語ってきたのは、空間を共にし、温度を共にし、匂いを共にし、情感を共にする「同期」されたリアルな経験の話だ。

データなどの情報やテキストを共有し、すべてを解決に導けるようなツールに現代の人びとは魅了させられている。でも、介護・障がい・保育・地域、それぞれに携わる僕とその仲間たちがいつも語り合うのは、もっとちがうものだ。

それは、人の生々しい生の歩み、生き切る最期、人の可愛らしさ、ちょっと間抜けなところ、ささやかな成長、破茶滅茶な暮らしぶり、腹の立つこと、心が揺さぶられるような出来事だ。ときとして、そのような、人と人の関係が生む煩わしさすら面白がることだってある。
あの総武線内での出来事や、マサキという、人の「リアル」については、たとえ情報としての収集はできても「五感で知る」という「経験」はできない。おまけに、社会構造の変化により、本来コミュニティ（共同体）のなかで行われてきた営みが解体され、個人単位の社会が成立し、さらに、それを加勢する数々の課題解決システム（ソリューション）が世に生まれ、気づけばそれらに頼って人びとは生きている。

社会が利便性や生産性に躍起になる一方、今日も「人」を中心として営まれている「ケア」の現場を担う、生身の福祉職たちのリアリティあふれる日常はどうだ。事務作業などバックオフィスの合理化は大事だが、一方で合理化してはならない（できない）部分を多く抱えているのがケアの営みである。この生産性や合理性を重視する社会において、「ケア」とともにある福祉職たちの「経験」をたどると、いまの社会に最も必要とされている「関係性」や「必要性」を引き寄せることができるのではないだろうか。

――経験とは、人が何らかの現実を知り、その現実に何らかの構造を与える際の様々な様式を指す包括的な用語である。それらの様式は実に多種多様であり、嗅覚、味覚、触覚といったより直接的な感覚から、視覚による能動的な知覚や、象徴化という間接的な様式にいたるまで幅広く広がっている。（イーフー・トゥアン『空間の経験――身体から都市へ』ちくま学芸文庫、一九九三年）

僕ら人類が新しい思想・行動原理を獲得しようとする際に、同じ空間で他者と過ごすという「経験」がそこから抜き出されてしまうことは、社会の損失だと思う。

えらいって言うな

僕は、二〇一〇年に福祉の仕事に就いた。当時、僕の頭のなかにあったことの一つは、福祉ってなんだか「すごい」ということ。そして、なんだかみんな「えらいなぁ」と。

この感覚はなんだろう。えらいというのは、褒めているようでどこか「下」に見ている感覚がある。幼い子どもがご飯を食べ終わったお茶碗を自ら黙々と洗っていたら「えらいね」と言うだろう。しかし少なくとも、年齢・立場・地位が自分より同等ないし上だと思っている相手に「えらいね」「ご苦労さま」と言うことはない。

大変なのに我慢しててえらい。辛い仕事なのにえらい。そんな匂いがこびりついている。だけど、僕も最初の頃はそんな風に思えていた。今振り返ると、職員を「この人たちはえらいなぁ」と感じていた僕は、彼らを下に見ていたのかもしれない。強く反省するのと同時に、当時のその感覚こそが、僕たちに対する社会からの見かたでもあるのではないか、今ではそう自分の心に刻んでいる。

僕は、閉塞感が嫌いだ。だから人に細かく指図されて、管理されることも苦手だ。それは空間においても同じことが言える。ひらかれた空間や、屋外が好きだ。

当法人が運営する「ミノワホーム」は一九九二年に開設された特別養護老人ホームである。それまで酪農家だった父が社会福祉法人を設立したのは僕が高校一年生のときだ。

我が家には事業開始の前年まで、車椅子に乗ったばあちゃんがいた。ばあちゃんは僕が小学校二年のときに脳梗塞で倒れ、六一歳で要介護状態になった。まだ幼い僕にとってはそれまでのばあちゃんが一変したことが、とてもショックだった。

主に在宅介護を担ったのは母だった。母は当時三三歳で、八歳の僕の下に五歳、三歳の妹と弟の子育てに姑の介護。酪農業を営んでいた自営業の我が家において母は、寝ても醒めても「子どもの世話・義母の世話・牛の世話・田・畑の世話」。彼女の三〇代は世話まみれで終わった。

そして、その翌年からは、本格的に特別養護老人ホームの施設長として「世話のプロ」になった。七〇歳になった今でも現役なので、筋金入りの世話人だ。そう思うと、僕ら兄弟は幼少期から常にケア(世話)とともに生活をしていたということにもなる。ケアが今よりも「当たり前」として常に生活のなかにあったのだ。

これは僕が選んだわけでもなければ、もちろん「えらい」わけでもない。たまたま、そういう「環境」があり、「経験」をせざるを得なかったまでだ。

ばあちゃんとの暮らし

僕が同居していたばあちゃんは、八年間の在宅介護の末、ミノワホーム開設の前年に永眠した。六五歳から七四歳を前期高齢者というが、僕が小学校二年、八歳のときに倒れたばあちゃんは当時六一歳という若さで要介護状態となった。この経験は、のちの僕にとって重要な意味を持つこととなった。

酪農を営んでいた我が家は、牛舎が自宅の前にあり、いつも家に誰かが必ずいて、いわゆる三世代同居、職住近接の暮らしだった。祖母はきびしい人だった。遊んだおもちゃを片付けないとゲンコツをもらった。悪いことをすると尻を叩かれることもあった。

しかし、一方では、愛情を沢山もらったこともよく覚えている。当時の国民的お茶の間番組「８時だョ！　全員集合」を観て腹を抱えてコロコロと笑う小さな僕を、「そんなに面白いのかい？」と、洗濯物を畳みながらやさしいまなざしで見る祖母の姿が目に焼き付いている。

そんな祖母が体調を崩し入院していたある夜のこと。病院からの電話が鳴った。幼い僕には状況がよくわからなかったが「今夜が峠」とのこと。とにかく三人兄弟の長男である僕だけがバタバタと病院に連れて行かれた。

緑や赤のランプがぼんやりと光る、薄暗い廊下を抜けて集中治療室に着くと、すでに祖父や親戚のおじさんたちが、酸素マスクをした祖母を囲んでいた。

「拓、ほらばあちゃんの手握ってやれ」

親戚のおじさんたちに促された僕は、震えながらこちらに伸びてきた祖母の手を恐る恐る握った。

ばあちゃんはおいおいと涙を流し、声にならない声で僕の名前を何度も呼びながら、何度も何度も僕の頬をなでた。事前に細かな状態の説明もなかったので（もっとも、聞いてもわからなかったかもしれないが）八歳の僕は緊張で固まり、直立不動で何も声をかけられず、ただただ頬をなでられているという時間が、とてつもなく長く感じた。

ばあちゃんは一命をとりとめた。脳梗塞による言語障害、右半身麻痺、記憶障害などの後遺症は残りつつも、目が良かったばあちゃんは、日中は車椅子に座り、小さな埃などを気にしては言語障害のある声で「たくぅ、あっこぉ、まさかずぅ」と三人の孫を部屋のなかから呼んだ。

「そのゴミをとってくれ」と言って、五ミリ四方の紙切れだろうと、綿ぼこりだろうとお構いなしに僕ら孫たちを一日に何度も呼んだ。届かない背中を掻く棒「孫の手」の先をペロっと舐めて濡らし、床の埃を取ろうとして動く側の手を伸ばして、そのまま車椅子から転落し、本当の孫の手を煩わせるのは日常茶飯事だった。

次第に、そんなばあちゃんをじいちゃんはよく怒鳴るようになった。「余計なことをするなバカ!」と、ときには叩いたりもした。ばあちゃんは涙を流して謝ってはいるものの、またすぐ同じことを繰り返す。当時は、「ばあちゃんがいけない」と思ったり、「じいちゃんは酷い」とも思ったり、大好きだった祖父母のことをどう捉えたら良いのか混乱していた。

僅かな経験を重ねた今振り返ると、じいちゃんの暴力は、さみしさや無念さの表れであっただろうし、「ボケた」とも言われていたばあちゃんは「認知症」というよりも「高次脳機能障害」だったとわかる。そして、まだまだ女性が家のなかの家事労働と介護労働を全面的に強いられた昭和の時代にあって、現代のジェンダー規範からすれば、母がその犠牲者となっていたとも思う。

これでもかというほどの「シャドーワーク＝家内労働」が当たり前だった家庭環境のなかで僕は育ったが、決して絶望感のようなものを感じていなかったのは、きっと僕ら子どもたちがそう感じないよう、母がそれらを一手に引き受け、守ってくれていたのだと思う。

そんな状況だというのに僕はといえば、ばあちゃんが介護状態になってからというもの、友達が遊びに来ても会わせないようにしていた。なんとなく、すぐ泣いたり騒いだりするばあちゃんの存在が「恥ずかしかった」のだ。

「障害者はいなくなったほうがいい」

二〇一六年七月二六日、近隣地域の障害者施設で戦後最悪と言われる大事件がおきた。入居者四三名、職員二名が刺されるなどして、一九名が死亡、二六名が負傷した、「相模原障害者施設殺傷事件」だ。犯人は元職員で当時二六歳の男性「植松聖」だった。僕は、事件の二日後、その惨劇の舞台となった「津久井やまゆり園」へと献花に向かった。

現地に着くと、パトカーやテレビ局の車両などが数十台止まっていた。僕らは近くの商店に車を一時的に止めさせてもらった。昔ながらの商店だった。心ばかりのお礼に、レジに飲み物とパンを置いた。

店のおばちゃんは、僕が抱える献花の花束を見て、こんな話をしてくれた。

「いつも職員さんが障がいのある人たちと一緒にこの前を散歩しててね。感じも良くて、いつも一生懸命やってらしたんですよ。報道では色々と言われちゃってね。なんか悔しくてね。ちょうど来週が毎年恒例の夏祭りでね、うちも出店するから準備してたんだけど、今年はもう出来ないね」

ときおり声を震わせながら、まるで津久井やまゆり園を擁護するかのように話してくれた。同じ介護施設を運営する者として、胸が締め付けられた。

重厚な壁の前に設置された献花台に花をたむけ、手を合わせる僕のすぐ横で、門のなかに向かって何かを喋っている男性がいた。男性はそこに立ち尽くし、門の奥に見える施設を眺め、「なんでだよ、なんでだよ」と繰り返し声をあげていた。

献花を終えた僕らが帰路につき、ミノワホームに到着しようとするとき、車内に同乗していた職員が「もう着いちゃいましたね。近いですね」と言った。

僕は「本当だね」と何気なく応えた。でもすぐに、背筋が凍るような感覚を覚えた。

津久井やまゆり園からミノワホームは車で二〇分。つまり「通勤圏内」だ。ということは、もし植松聖がミノワホームに履歴書を持ってきていたら、僕は彼を採用していたかもしれない。

植松は「障害者はいなくなったほうがいい」という差別的な言葉を残し、その後も撤回していない。彼は二〇二一年三月現在、死刑囚として「壁の向こう側」にいる。「生産性がない人間は生きる価値がない」という強い優生思想を抱く彼が、平均介護度四・三の特別養護老人ホーム「ミノワホーム」で働いていたら、彼は何を感じただろうか。

僕は完全に当事者意識を自分に引き寄せてしまった。この事件はひとつ間違えたら、うちで起きていた可能性があったのだ。車内はしばし静かになった。

ミノワホームには認知症の人、胃瘻《いろう》で寝たきりの人、最重度の身体状況で意思の疎通が難しい人もいる。人は誰しも加齢にともない何らかの障がいが生じる。視力や聴力の低下をはじめ、脳梗塞で半身マヒの後遺障害が残れば、車椅子生活にもなるし、言語障害も残る。認知症になれば、一種の知的障害といっていいし、レビー小体型の認知症なら幻想・妄想などの精神障害も起きる。

しかし、入居者は、みんな日々を生きている。「ただ生きている」のだ。その生命力の消耗をケアの力で最小にすることを仕事にしている僕らは、どんな言葉で「生きる」ということを説明できただろうか。

事件の二カ月後、僕は大学院（当時日本社会事業大学専門職大学院に在籍していた）のゼミ同期数名とOBを交え、この事件について議論する機会に恵まれた。OBのなかの一人、Yさんは重症心身障害の娘を持つ父親だ。議論が行き詰まってきたところで、Yさんは柔らかい口調で次のように僕らに問いかけた。

「みなさんにとっての生きがいってなんですか」

「サーフィンかな」「僕は釣りですね」「まぁ旅行かな」「酒を呑むことです」

一同は順に応えた。Yさんは「なるほど」と笑顔で頷くと続けてこう言った。

「じゃ、うちの娘のような重症心身障害者の生きがいってなんだと思いますか」

一瞬不意をつかれたように、僕らは誰も答えられなかった。

Yさんは穏やかに、でも熱のこもった口調でこう言った。

「娘にとっての生きがいは、『今日も生きている』ってことなんです。そして、親にとっては『今日も娘が生きている』ってことなんです」

そこにいた全員が静かに頷いた。

僕は、そのとき、Yさんのこの事件に対する得も言われぬ怒りを感じた。「ただ生きている」それだけでは「生産性がない」と言った植松の闇は深い。誰もが「加齢」にともなう何らかの生きづらさを抱えるということは、僕ももちろんあの植松も、人類すべてがいずれ当事者になるということを意味している。Yさんの言葉が意味するのは「生産性」ではない。「必要性」なのだ。

僕は、高齢者介護の世界にいるが、自分が当事者になるそのときまで、きっと気づけないことが隠されていると思う。我こそは介護の専門家であると、わかったつもりになることは一番怖いことだ。それくらい謙虚に考えておいたほうがいい。

日本史に残るあの大事件で、僕らは自分たちの当事者性を心に留めておくべきだ。不変はなく、この世は常に可変なのだ。

福祉の内と外を「同期」させる

事件の三カ月前の二〇一六年四月、僕らはミノワホームを囲む壁を取り払い、地域の人がいつでも敷地内に入り込めるようにする計画を進めていた。職員たちに加え、建築を学ぶ日本工業大学の学生、福祉を学ぶ東海大学の学生と教授、そして空間の専門家である建築家や造園家を交え、ワークショップをした。

客観性をもって「庭をまちにひらこう」とするプロジェクトだった。理由は、大型施設の閉塞感を払拭したいと思ったこと、まちの中心部にある当施設がもっとひらかれていくことは近隣にとって意味があるのではないかという思い、そして、「姥捨山」とも揶揄されてきた特別養護老人ホームという介護施設の営みをまちの風景の中に入れていくこと、だった。みんなが向かう場所である高齢者施設を、悲観的な場所にしていいのか、という思いがあったのだ。せめて僕が生まれ育った地元であるこの近隣地域では、「介護施設は壁の向こう側ではない」という認識を育てたいと思った。

相模原障害者施設殺傷事件はその計画の真っ只中に起きた。

事件直後、メディアは植松聖の特異性ばかりに注目し、断定や解釈を繰り返した。国からは防犯安全管理体制の強化のため、防犯カメラの設置などに対する補助金が準備された。

地域での異質性を強め、隔離し、壁を高め、重厚な門を設《しつら》え、監視ビデオを張り巡らせる。僕らの目指してきた「誰もがアクセス可能なひらかれた庭にする」という議論とは真逆の、侵入者を防ぐために閉じろ、という議論が横行していることに強い疑念を抱いた。

建築家の黒川紀章は言っている。

「古典的なコミュニティ再生論を信じて、広場や公園といった公共空間を創出することだけでは、コミュニティの再生にはほど遠い。個人と建築や巨大な都市との間をつなぎ共生させる何らかの空間装置『中間領域』『共有空間』が必要ではないだろうか。地域や職場のそばにある安全なシェルターとしての公共空間・共有空間があまりにも少ない。都市の中の個の孤独を救う道はあるか。都市の中の個と個の不信感を取り除くことはできるのか」（黒川紀章『都市革命——公有から共有へ』中央公論新社、二〇〇六年）。

悩んだ末、特養の壁を取り除き、地域と福祉施設の中間領域である「前庭」を地域に開放した。結局は、まちから見えない「福祉の営み」を見えるようにすべきだと思った。福祉の営みの可視化であり、福祉とその外側の一部との「同期」だ。

入居者、利用者、職員がまちの風景になること。そしてそれに気脈を通ずるように、地域の人と職員が「特養という場所」を認識し、呼応し合う……ようは、それぞれのアクターが意識をちょっとだけ変えることが必要だと思ったのだ。

奇しくもときを同じくして、相模原障害者施設殺傷事件が起き、計画を延期する声もあがった。だが、もともとが「境界の越境」がテーマであったこのプロジェクトは、この事件の直後だからこそ「課題の設定とその解決」を再考できたことで、当初の計画以上の意味が生まれた。ここで生まれた意味は、僕らがあの事件を深く考えるきっかけにもなった。

さらにいうと、個人的には、大学院に通いながら実践研究と学びをパラレルで深めるきっかけとなったし、それはやがて当法人の新規事業として、障がいの有無によらず通える場所「カミヤト凸凹保育園+plus」の開園の動機にもつながった。保育園を設計・計画する段階では、建築家と議論を重ね、回廊型の廊下を配した園舎とし、縁側（半屋外空間）を人と人がつながる「空間的装置」として位置づけることとした。

福祉業界に身をおいて一〇年が経った。「福祉の内側」で用いられる言葉はよく耳にするが、それは決してひらかれた言葉ではなく、閉じた関係のなかでの共通言語であることが少なくない。実は、そこにも小さな壁が生まれ、ときに社会側が置き去りになることもある。内と外、こちらとあちら。いかに越境し合い、互いに響き合えるか。そのときに必要となる経験や、導き出す言語のヒントは、実はすぐ近くの「福祉の外側」にあるように思う。

タクシードライバー

ちょうどそんなことを考えていた頃のこと、都内での打ち合わせを終え、最寄りの小田急線本厚木駅からタクシーでミノワホームに帰るときのこと。

「愛川町のミノワホームという老人ホームまでおねがいします」

このように伝えても多くの運転手さんはわからないので、追加情報を伝える。

「愛川町役場に向かう通りの手前の信号の角の…」

「あぁ、マクドナルドを越えてしばらく行ったところのガソリンスタンド？」

「そうですそうです、ガソリンスタンドの向かいにある…」

「あぁ（あったかな？）。はい、とりあえず向かいますね」

こんなやりとりを何度したことだろう。

ミノワホームの開設は一九九二年、もうすぐ三〇年が経とうとしている。一方ガソリンスタンドはそれより後にできた場所、マクドナルドに至っては一〇年前くらいだ。では、この町の県道沿いに三〇年も前からあるミノワホームを、なぜタクシー運転手は知らないのか。

私たちは幼い頃から風邪をひけば内科の病院に行くし、骨折をすれば整形外科に行く、虫歯ができたら歯科医院に行くだろう。しかし「最近俺も歳をとったなぁ」と感じて「老人ホーム」に行く人はいない。つまり、それまで関わる機会のなかった人や関心のない人にはわからない場所。それが「介護施設」だ。きっと自分自身が（まだまだ）関わることのない、要介護高齢者がお世話になる場所、大前提として社会の人たちにとって、介護施設はそういう場所だ、と考えた方が納得がいく。

一方で、超高齢社会の我が国において「二〇二五年問題」としてこれまでに政府が示してきたのは、「地域包括ケアシステムの構築」をはじめ、「公費負担の見直し、公平化」、そして「介護人材確保」などだ。この「介護人材確保」という言葉、僕たちはどう理解すべきだろうか。

これまで僕も業界の仲間たちとともに、さまざまなソーシャルアクションをしてきた。若年層向け、介護事業者向け、アクティブシニア向け、広く介護・福祉に関心のない人たちに向けてのイベント実施や書籍、動画制作やそれにともなうテレビ出演など、僕の狭い経験のなかにおいても「自分たちの畑は自分たちで耕す」という気概のもと、志をともにする仲間と互いに気脈を通じあいながら、さまざまなプロジェクトを仕掛けてきた。

乱立する職能団体、業界団体の働きかけに対する受動的なアクションにとどまらず、能動的かつ主体的に動いてきた自負がある。特に運営母体が社会福祉法人か、株式会社か、実施事業が特別養護老人ホームか、小規模の介護施設か、障がい者支援かなど、まったく気にしたこともないし、そういったつまらない分断はいらない。

大切なことは、業界という狭い畑のなかでのポジショニングの取り合いではなく、業界の土壌を改良し、そこで良質な作物を育てること、そうした意識を持てる「人材」を「獲得」すべき、ということだ。

そのためには社会の人たちに、ケアの仕事の面白さや味わい深さをしっかりお届けすることが大事だ。僕は一見すると派手と思われる外資系アパレル業界に身を置いてきたが、派手さだけではない地味な業界の一面をよく知っている。一方、外から見ると「地味」と思われるこの仕事だが、その人とその周縁者の人生をＬＩＶＥで味えるこの仕事は、ときに「派手」な側面があると思っている。

乳幼児期における人生のスタートアップ、高齢者における人生のエンディングと看取り。「ゆりかごから墓場まで」なんて言葉があるが、障がい者にとってはまさに生まれてから天寿を全うするその瞬間まで人生を丸ごと一緒に走り抜ける。そしてそれらを「社会」や「地域」という外の世界と接続させることだってできる。

人ひとりの人生の意味を大きく変えてしまう仕事が地味と言えるだろうか。僕にはド派手な仕事だなぁ、と感じることさえある。

壁と共に去りぬ

一方で、僕らはその派手さを社会に届けられているだろうか、と悔しさを噛み締めるときがある。しかし、現場からのこれらの活動は微力かもしれないが、決して無力ではなかったと思う。

ミノワホームの近隣で他法人が運営する小規模保育園とは、それまで特に関わりがなく、話をする機会がないまま数年が経過していた。ある日、ミノワホームの庭で子どもたちと保育士が遊んでいた。話しかけると保育士の女性はふとこう言った。

「こちらの庭がオープンになってから遊び場ができてありがたいです」

「いつでも遊びにきてください」と答えると、彼女はこう話を続けてくれた。

「あの事件のあとに、こうしてオープンな空間にしたことは、きっと何かの意味を考えてのことなのだろうと職員たちと話していたんです」

地域はちゃんと見ているし、考えてくれてもいた。

こんなこともあった。ミノワホームの庭「ミノワ座ガーデン」には、立ったまま、座ったまま農作業ができる、高さ八〇センチ、長さ九メートルのレンガ積みの畑(プランター)がある。僕は、その日九州への出張から羽田空港に最終便で到着し、そこから愛川町に到着したのは日付をまたいだ深夜一時。その二日前に大雨が降ったこともあり、僕は畑にお年寄りと植えた「小松菜」が気になっていて、その無事を確認するためにミノワ座ガーデンに立ち寄った。

僕の心配をよそに小松菜は元気に葉を伸ばしていた。安心した僕はスマホで生育状況を写真に収め、その場をあとにしようとした。

するとと駐在の警察官が前の道をバイクで通りすぎたと思ったら、すぐにUターンして引き返してきた。僕と同年代とおぼしきおまわりさんは、バイクから颯爽と降りるやいなや、僕に懐中電灯を向けて言った。

「はい、こんばんは。そこで何をしているんですか？」

不意を突かれた僕からとっさに出た言葉は、「あ、えーと、小松菜を確認しています」。

なんとも、気の利かない言葉だ。

おまわりさんは怪訝な顔をし、柔らかくも低い声でこう言った。

「ほう、なるほど。こんな時間に小松菜を見ているのですか？」

完全に怪しまれている。スマホをポケットに収め、名刺を出そうとすると、

「はい！　ちょっといまポケットに何入れた⁉　出しなさい」

間髪入れずに今度は強い口調で言われる始末。無理もない。髭を生やした四〇代の男が、深夜一時に特別養護老人ホームの真っ暗な庭にいるのだから。

僕は名刺と免許証を提示し、こう言った。「すみません。ここの経営者です」

おまわりさんは少し焦った様子で、

「これはこれは、大変失礼しました。四丁目の交番に赴任してきたばかりでして」

と敬礼し、数秒の無言のあと、僕とおまわりさんはお互いに笑った。

おまわりさんは柔和な表情になり、続けてこう言った。

「いや、少し前に、壁を取り払われたじゃないですか。実は、それから夜間の巡回パトロールでこの前を通るようにしたんですよ」

ここは津久井やまゆり園から車で二〇分の場所。介護の現場ではよく「見守る」という言葉を使うが、そのおまわりさんも、この地域を「見守っている」一人なのだ。

「信頼」というセキュリティ。地域に見守られるとはこうゆうことなのだ。僕のことを職務質問してくれたおまわりさんは、それ以降、深夜に巡回するとポストに「0時35分 巡回 ○○(氏名)」などとメモ書きを入れてくれるようになった。

壁があれば見えなかったであろう僕の姿。自分たちを「守る」ための壁が取り払われたことで、自分たちが「守られる」という逆転現象が起きた。少し間抜けで嘘のような本当の話だが、僕に壁を壊すことの意味を教えてくれたのは、地域のおまわりさんだった。


また、前述の保育士とのやりとりが、実はもう一つあった。

僕が何気ない会話の中で「壁を取ってからこの前の道をお散歩コースにしてくれて、嬉しいです。お年寄りも喜んでいるんですよ」と伝えたときのことだ。

サラッと「あ、いや、前からここはお散歩コースですよ」と言われたのだ。

「え…?」。僕は面食った。園児と保育士たちは以前からミノワホームの前を(壁の向こう側を)散歩していたというのだ。つまり、僕らはこれまで道ゆく子どもたちの姿に気づいていなかったのだ。自分たちが作った壁によって、分断をつくり「壁の向こう側」に目を向けられていなかったのは、実は福祉側にいる僕らのほうだったのかもしれない。

考えてみれば、福祉業界で同じサイドに立っていたにもかかわらず、僕と大学院OBのYさんの間にも小さくない壁があったのかもしれない。あの総武線の女子高生は、それまで障がいのある人と一緒に過ごした経験がなく「非同期」状態だったのかもしれない。一方、幼少期から当たり前の生活のなかでリアルと「同期」されていた僕。もしその経験がなければ、僕も女子高生ときっと同じだったのだ。壁をつくるのは誰か。人は壁を壊すこと、リアルを知ることで、自分たちが欲しかった本当の関係性が構築されていくのだと思う。その積み重ねによりタクシーで「ミノワホームまで」と言えばまっすぐ向かえる場所になる日が来ると、僕は信じている。

終章

壁を壊すケア
──ソーシャルワークを地域にひらく

井手英策

「創造的壊し屋」たちのはげしくも心温まる物語

壁を壊そうとする人たちの泥臭さと、清々しさが同居する、不思議な本になった。

誰かのそばにいて、相手のことを気にかけている。でも、目の前の人だけではなく、すべての人たちが人間らしく生きていける社会をめざしている。制度の、心の、いやそれどころか本物の「壁」すら取り除こうとする。そんな「創造的壊し屋」たちの九つの心温まる物語だ。

すべての原稿を何度も読み返し、人間が抱える生きづらさは、あまりにも多様だとあらためて思う。この本に出てきた実践家たちは、その一つひとつの生きづらさと向き合い、一人ひとりの置かれた環境を変えていくためにできることを、全力で、まさに腹の底の底から考えてきた人たちだった。

彼女ら／彼らはとてつもなく強そうに見える。「あんたはすごいよ」、「自分にはムリだ」、そんなボヤきが聞こえてきそうだ。

でもそうだろうか。この本の著者たちは、何度も己の無力さに打ちひしがれてきた。想像してほしい。津久井やまゆり園の惨事が「自分の当たり前」を揺るがしたときの苦しみを。ヘイトスピーチが街を襲い、自分の実践は「箱庭のそれ」だったのか、と打ちのめされたときの思いを。

だけど、彼女ら／彼らは、崖っぷちに立たされながら、組織や地域の仲間たちに励まされ、ギリギリのところをなんとか踏ん張ってきたのだった。「自分が当事者だったら耐えられない」という良心の灯火をたよりに、世の理不尽さ、不条理さと戦ってきたのだった。

僕たちは、世の中の困りごとを解決するのは、行政やボランティアといった「自分以外の誰かの務め」と決めつけがちだ。でも、そんな時代はとっくに終わった、そう思わずにいられない。「サービスプロバイダー」の時代は終わり、「プラットフォームビルダー」の時代がやってきたのだ、と。

新しい時代の主人公は地域に生きる一人ひとりだ。専門家であろうと、なかろうと、行政の人間であろうと、なかろうと、そんなことは関係ない。地域で「ともにある」人びとが互いにつながりあいながら、互いを気にかけあえる街、「気にかけあう街」のつくりかたが問われているのだ。

命と暮らしの土台をつくる

だけど、ここまで書きながら、僕の筆はピタリと止まってしまった。

この本に出てくる彼女ら／彼らだってしんどかったんだ——この言葉に嘘はない。でも、みんな歯を食いしばって頑張ったんだから、この本を読んでいるあなたたちもそうすべきだ、そんなメッセージにリアリティはあるのだろうか。ただの同調圧力なんじゃないだろうか。

石井さんは言った。シャカリキになって働いている定時制高校の先生に対して、「あの先生を支えている人はいるんでしょうか?」とつぶやいた人がいた、と。そう、現場で奮闘する人たちが「創造的壊し屋」になるための条件、めざすべき方向を語らなければ何もはじまらないのだ。

僕は、大学や医療、介護、障がい者福祉といった基礎的なサービスを「ベーシックサービス」と名づけ、それを無償で、すべての人たちに給付することを提案してきた(井手英策『どうせ社会は変えられないなんてだれが言った?――ベーシックサービスという革命』小学館)。

第1章のなかで加藤さんは「介護保険は所詮『ベーシックサービス』である」と述べた。悔しいけれど、この指摘には振り返るべきものがある。

序章で論じたように、僕は母と叔母に仕送りを続けてきた。ふたりはなんの苦労もなく介護というベーシックサービスを受け取っていた。でも、そのふたりが地域で孤立していたことをみなさんは知っている。そう、ベーシックサービスは生きていくための条件ではあるけれど、「人間らしい生」を約束してはくれない。加藤さんの言うとおり、「所詮『ベーシックサービス』」なのだ。

だけど、介護施設であれ、障がい者施設であれ、行政であれ、中間団体であれ、それぞれの現場で働く人たちに目を転じてほしい。彼女ら/彼らが、自分ごとと同じくらい、社会に思いをはせるためには、生きる・暮らすことの苦痛から解放されなければダメだ。子どもの教育費、老後の生活費、そんな気苦労に絡めとられているかぎり、自分の所属する組織がおかしいと感じても、仕事をうしなうことがおそろしくて、上司に異議申し立てなんてできるはずがない。

「気にかけあう街」に参加しようにもできない人たちもいる。僕たちは「定時に帰れる社会」をつくり損ねてしまった。であれば、定時に帰宅し、家族とスーパーに行って食事をつくる、この当たり前の日常を取り戻そう。そうすれば、埋め合わせのために子どもたちの思い出づくりにつきあう必要はなく、週末には、家族とともに、地域の活動に参加できるようになる。

定時に帰れる社会を僕たちの手に！　では、そのために必要なものは？　それは生活の安心だ。生きるための労働からの解放だ。だからベーシックサービスは「気にかけあう街」の大前提なのだ。

もうひとつ言いたいことがある。行政は、地域に公的な業務を丸投げし、現場を疲弊させるのではなく、弱りゆくコミュニティの協働力を支えていかなければならない。

僕は仲間たちと「地方連帯税」という税を提案した。自治体が一斉に超過課税をおこなって得られた財源を、地域コミュニティの再生のために使うという案だ。例えば、地域包括支援センターや社会福祉協議会、あるいは自治会などのソーシャルワークの財源として活用すればよい。

以上の提案は、「協働地域社会税」と名称を変え、全国市長会の報告書にとりあげられた。プラットフォームビルダーの時代、それは、政治や行政もソーシャルワークの足場をかためるために汗をかく時代だ。そうすれば、「気にかけあう街」もグッと身近なものになるにちがいない。

知ることの大切さ

この本の著者たちは、みな「原体験」ともいうべき、「気づきのとき」を持っていた。きっとみなさんもそうだと思う。その「原体験」「気づき」にもう一度返ってみるのはどうだろう。

愛する家族の老い、社会の片隅の小さな声、若者と熱唱した「チェリー」、「ちょっと助けて」が言えなかった子育てという名の戦い、住民説明会で飛び出した声、日々の業務での出会い、日立就職差別裁判……それぞれの気づきの先に、「気にかける」「そばにいる」が当たり前の人たちはいた。

馬場さんの「電車のなかで揺れている男性」を読んだとき、思わず小学生の自分を思い出した。僕の小学校のとなりは特別支援学校だった。バス通学だった僕たちはときどき、支援学校の子どもと同じバスに乗った。僕たちとちがう、不審な行動を取る男の子に「ベロベロ」というあだ名をつけ、みな彼と距離をとるようにして、バスのなかの席をさがしていた。

この話は、僕にとって、もっとも恥ずかしい記憶のひとつだ。僕たちは障がいを持つ人たちを物理的、社会的に遠ざけながら生きている。この遮断は偏見を生む。だが偏見と無知は同義である。無知は情けないことだ。だが、無知ゆえに、ベロベロという奇妙な名前をつけ、「自分と同じ子ども」を排除していた僕たちは、情けないどころか、残虐さとむごさを車内でばら撒いていた。

まるで「社会的虐待」。この残虐な行為をなくすために、僕たちは、出会い、相手の価値観に触れ、それを知るための場をつくらねばならない。無知と偏見を乗り越えるための人間の義務として。

公教育のなかでそういう場をつくるよう求めていくことも大事だろう。だが、「気にかけあう街」をつくるためには、自分たちの生活空間のなかにこそ、そうした場は必要なはずだ。

祭りや運動会などの地域行事がある。これを、障がい者にひらくための戦いを重ねてきた名里さんの文章は、僕の心を激しく揺さぶった。行事の予定時間をオーバーさせそうな障がい者に投げかけられた一言をもう一度かみ締める。「こういうことが待てなきゃ、一緒に生きていけないよ」——自治会長さんのこの一言は、僕たちの社会のあるべき姿を簡潔にして雄弁に物語っている。

一方で、知識と経験を積み重ねたはずの専門家にも同じ問題がある。思いこみという名の「もうひとつの無知」だ。「徘徊」という言葉、一部の心ある人たちはこの言葉を批判しているが、いまだに福祉の現場ではこうした見かたがあふれていることをこの本の著者たちは告発している。

徘徊とは、「あてもなく歩き回る」ことをさす。だが、実際には、「徘徊行動」の大部分は、当人なりの目的・動機を持ったものだ。ということは、「徘徊している」という言葉の向こうには、相手の目的を察知できない専門家の力不足があり、思いこみがある。

本書のなかでも、たびたび、一人称で考えること、当事者意識を持つこと、自分の体験を振り返ることの大切さが指摘された。当たり前だと感じることをいったん自分の側で引き取り、それを自分ごとに置きかえても当たり前だと思えるのかという、「ひと呼吸」を置くことの大切さだ。

この「ひと呼吸」は、専門家以前の問題でもある。なぜならそれは「自由の条件」でもあるからだ。自分ならいやだと感じることを相手に押しつけるのは、他者の自由の侵害でしかない。自分の自由を尊重されたいのなら、自分が不快なことを他者に要求すべきではない。他者の自由を大切にしあうから自分も自由でいられる、この周知の事実こそが「気にかけあう街」づくりの出発点なのだ。

行政と現場のパートナーシップを強化するために

福祉であれ、若者の学びであれ、子育てであれ、外国人や貧しい人たちの抱える問題であれ、行政が手を打てばすべて解決する、そんな都合のよい話はない。

だが、反対に言えば、行政を排除して、自分たちの力だけで「気にかけあう街」が実現するというのも、同じくらいまちがっていることを本書の著者たちは教えてくれた。

行政と市民運動家たちとのたえざる対話、学びあいこそが、差別は不当だという当たり前の感覚を行政に植えつけた、と三浦さんは言う。原さんが繰り返したのは、公的助成と子育て活動の主体性がうまくバランスをとるために、「協働契約」を求めたことの意義だった。藤田さんもまた、行政からの委託をてことして事業を進めつつも、内向きにならず、課題を共有し、解決のための協議の場を設けられるような「関係」を行政とどのように育んでいくかがカギだと述べた。

そうなのだ。ここで問われているのは、実践家と行政とがどのようにあたらしいパートナーシップを切りむすぶか、だ。ただ気をつけてほしい。ここでいうパートナーシップは、九〇年代以降、目につくようになった、行政の仕事を地域に押しつけるための方便じゃない。財源もふくめて行政が責任を果たしつつ、足らざるところを補いあう、そんなあらたなパートナーシップが必要なのだ。

加藤さんとの会話でおどろいたことがある。加藤さんは言う。「介護の世界で事業をはじめようとすると、『事業運営経験五年以上』という縛りがあって、自由な発想をもった若手は手すらあげられないんですよ。土地を持ち、事業に必要な基礎設計ができている建物を持つだけでも大変なのに」。

新しい血をこばむ「壁」があり、結果、公募と言いながら、出来レースのようになっている、と加藤さんはなげく。公募要件の見直しは、クリエイティブな発想を持った若手とあらたなパートナーシップをつくり、「創造的壊し屋」を増やしていくための絶対条件なのだ。

もうひとつ、何十年も言われ続けている「縦割り行政」の弊害も見逃せない。現場の人たちは、公務員との協働を望んでいる。だが、縦割り組織のなかで柔軟に対応できるかどうかは、公務員の資質によるところが大きい。幸運にして、やる気のある公務員と思いを共有できれば、こちらの投げかけをどこかの部局に必ずつないでもらえる。でも、数年でその人は異動となるから、実践家たちはあらたな関係構築に膨大なエネルギーをうばわれ、運が悪ければ無気力な職員に出くわす。

結果、犠牲になるのは、弱い立場にある人たちだ。石井さんがうったえたように、福祉と教育の間にある巨大な「壁」の犠牲者は若者たちだ。ソーシャルワークが機能するように部局の「壁」を壊し、実践家との協働を進めていくことは、首長や公務員が取り組むべき最優先課題ではないだろうか。

そして、以上が喫緊の課題だからこそ、行政の苦境に光を当てた櫻井さんや武井さんの指摘が思い出される。貧困との戦いにおいて自治体の窓口業務は最後の砦だし、専門的知識やノウハウの蓄積は、公務員が正しい判断を行う前提条件である。しかし、公務員は人事異動によって専門性の強化がむつかしく、労働環境もきわめてきびしい。さらには雇用の非正規化も急激に進んでいる。

一人ひとりの公務員が専門性を蓄積しにくいだけでなく、縦割り行政の問題はわかっていても、ルーティン業務に追われ、それを改善するエネルギーを持てない現実がある。であれば、組織改革と同時に、公務員の数を増やし、雇用環境を整えることだって議論の俎上にのせるべきじゃないのか。「気にかけあう街づくり」の前提にあるのは「ともにある」という感覚だ。この「ともにある」のなかには、当然、公務員も含まれる。いたずらにやり玉にあげるのではなく、パートナーとしていかにあってほしいのか、彼女ら／彼らの労働環境をどう整えるのか、向き合うべき課題は多い。

たくさんのアシストへの感謝、そして僕たちの願い

本書の執筆者は、全労済協会「Better Life 研究会」の参加者たちだ。通称「ベタ研」と呼ばれたこの研究会は、連合の会長で、協会の理事長でもある神津里季生さんのご依頼にはじまり、二〇一九年二月に協会の澤田和彦さん、塚本直広さん、加藤秋奈さんが僕の大学まで足をお運びいただいたことで産声をあげた。

ふつうこうした研究会のメンバーには、著名な研究者がズラリと名前を並べる。だけど僕は、現場でなされている、涙を禁じ得ない実践の努力を広く知ってほしいと思った。学問知以上に、いま示されつつある未来の処方箋、実践知をみんなで共有したかった。だれもが同じことに苦しんでいる。あなたの悩みはみんなの悩みなんだ、そう、全国の実践家たちに伝えたかった。

こうして、委員全員が現場からというヤンチャな研究会が誕生した。口にこそされなかったが、協会内で説明をされた柳下伸さん、口石和子さんには、だいぶご迷惑をおかけしたはずだ。でも、全員、

全回、欠席なしという奇跡的雰囲気のなか、神津理事長をはじめ、協会のみなさんも毎回ご参加くださる最高に楽しい集まりとなった。わずかだけど、ご恩に報いることができたのかもしれない。

岩波書店の田中朋子さんには、鮮やかな「さばき」でこの本を導いていただいた。田中さんは、不要な叙述をずばり指摘し、感動した箇所をまっすぐにほめてくださった。ことあるごとに僕の多忙さや健康を気にかけてくださった。多過ぎず、不足せず、やさしくある、このシンプルなお人柄が本書のトーンを決めた。田中さん同様、まっすぐな心でお礼を言いたい。

ソーシャルワークという言葉を聞くと、そういう「仕事」があるのか、と思われる方もいるだろう。でもちょっと待ってほしい。僕の仲間は、地域に飛びだし、そのなかでさまざまな関係を切りむすびながら、大きなプラットフォームをつくろうともがいている。一人ひとりがソーシャルワークの主人公にならなければ、「気にかけあう街」づくりはスタートしない。ソーシャルワークは「だれかの社会的な仕事」じゃなく、「僕たちの社会的な努力」なのかもしれない。

矛盾のない、調和した世の中なんて、どこにもない。日本社会のこれからは、それぞれの街で、それぞれのアクターが試行錯誤を積みかさねていく先に形づくられるはずだ。本書に登場した「創造的壊し屋」の挑戦と葛藤が、自分の街で懸命に生きるみなさんの、そして、現場で悩み、苦しむ実践家のみなさんの「気づき」を生むことを願っている。

執筆者（掲載順）

加藤忠相（かとう・ただすけ）
1974年神奈川県藤沢市生まれ．株式会社あおいけあ代表取締役．大学卒業後に横浜の特別養護老人ホームに就職，介護現場の現実にショックを受け3年後に退職．2001年に株式会社あおいけあを設立．地域を巻き込んだ独自のケア事業は多数のメディアで紹介され，2019年に高齢者ケア分野で「Ageing Asia Global Ageing Influencer」に選出された．趣味は吹奏楽団でのSAX演奏，渓流釣り，ガンプラつくり．

石井正宏（いしい・まさひろ）
1969年生まれ．東京都出身．NPO法人パノラマ理事長．ひきこもりの若者を支援する東京都のNPO法人で10年間支援を経験後，課題集中校や教育困難校と呼ばれる高校での中退や進路未決を予防的に支援するため「すべての人をフレームイン！」をミッション・ボイスに，NPO法人パノラマを設立．

櫻井みぎわ（さくらい・みぎわ）
弁護士．神奈川県弁護士会所属．

武井瑞枝（たけい・みずえ）
1981年群馬県生まれ．東京都多摩児童相談所児童福祉司．博士（政策科学・同志社大学）．社会福祉士・精神保健福祉士・介護福祉士・保育士資格のほか，教員免許（幼・小・中・高）等を所有．大学卒業後，一般企業勤務ののち，日本女子大学大学院人間社会研究科社会福祉学専攻博士課程前期修了．その後，市役所職員として生活保護のケースワーカーをしながら福祉行政を学ぶため同志社大学大学院総合政策科学研究科総合政策科学専攻博士課程（後期課程）に通う．大学院在学中に3人の子どもを出産し，公務員と子育てを続けながら2021年3月に博士課程（後期課程）を修了．趣味は水泳とピアノ．2020年より現職．

名里晴美（なり・はるみ）
1961年埼玉県川口市生まれ．社会福祉法人訪問の家理事長．大学卒業後，障害者地域作業所「朋」に入職．社会福祉法人となった訪問の家・「朋」の支援スタッフ，施設長を経て，社会福祉法人十愛療育会横浜療育医療センターに6年間勤務（地域サービス課長，生活援助部長），2010年より古巣へ戻り，現職．

原 美紀(はら・みき)
1967年横浜生まれ横浜育ち．認定NPO法人びーのびーの事務局長，港北区地域子育て支援拠点どろっぷ施設長．社会福祉士．子育て中に地域情報を尋ねて役所に行ったところ親子が地域で日常的に集う居場所がないことを知り，NPO法人を立ち上げ，2000年に地域子育て支援拠点どろっぷの前身「おやこの広場びーのびーの」を開設，現在に至る．子育ち・子育て分野から多様なテーマとMIXしながら自分らしさを追求できるネットワーク組織，一般社団法人「ラシク045」を2020年10月に設立，代表理事を務める．

三浦知人(みうら・ともひと)
1954年生まれ．社会福祉法人青丘社理事長．川崎南部在日コリアン集住地域で，当事者を中心とした民族差別をなくす地域活動に学生時代より参加．学校や行政機関，周辺施設や町内会，商店街と連携して，「共生のまち」づくりを掲げ，模索中．

藤田ほのみ(ふじた・ほのみ)
1962年神奈川県厚木市生まれ．生活クラブ生活協同組合・神奈川前理事長．友人に誘われて1993年に生活クラブ生協に加入．生活クラブ生協の食や環境問題などの社会の課題解決を自分たちの参加と協働の力でより良くしていこうとする取り組みに共感し，組合員活動を続けている．

馬場拓也(ばば・たくや)
1976年神奈川県愛川町生まれ．社会福祉法人愛川舜寿会常務理事．大学卒業後，外資系アパレル企業を経て2010年に上記法人の2代目経営者に転身．特別養護老人ホーム「ミノワホーム」の庭を地域に開放．「カミヤト凸凹保育園＋plus」などを展開．日本社会事業大学専門職大学院福祉マネジメント研究科修了．

編者

井手英策

1972年福岡県久留米市生まれ．東京大学大学院経済学研究科博士課程を単位取得退学し，日本銀行金融研究所に勤務．東北学院大学，横浜国立大学を経て，慶應義塾大学経済学部教授．専攻は財政社会学．著書に『幸福の増税論』(岩波新書)，『ソーシャルワーカー――「身近」を革命する人たち』(共著，ちくま新書)，『どうせ社会は変えられないなんてだれが言った？――ベーシックサービスという革命』(小学館)など．趣味は友と飲み，語らうこと．

壁を壊すケア――「気にかけあう街」をつくる

2021年10月5日　第1刷発行
2022年2月4日　第3刷発行

編　者　井手英策《いでえいさく》

発行者　坂本政謙

発行所　株式会社 岩波書店
〒101-8002 東京都千代田区一ツ橋2-5-5
電話案内 03-5210-4000
https://www.iwanami.co.jp/

印刷製本・法令印刷

ISBN 978-4-00-061492-4　Printed in Japan